读图时代

中国名人故居游学馆

桃源依旧 昆明卷

孙信茹/撰文·摄影

全国百佳图书出版单位
时代出版传媒股份有限公司
黄山书社

图书在版编目(CIP)数据

中国名人故居游学馆. 桃源依旧·昆明 / 孙信茹撰文·摄影. --合肥：黄山书社, 2012.11

ISBN 978-7-5461-3215-0

Ⅰ. ①中… Ⅱ. ①孙… Ⅲ. ①名人-故居-介绍-昆明市 Ⅳ. ①K878.2

中国版本图书馆CIP数据核字(2012)第252403号

中国名人故居游学馆

桃源依旧 昆明 卷

TAO YUAN YI JIU KUN MING

孙信茹/撰文·摄影

出 版 人：任耕耘　　装帧设计：曹　娜　郁万鹏

责任编辑：司　雯　王扬群　　责任印制：戚　帅　李　磊

出版发行：时代出版传媒股份有限公司（http://www.press-mart.com）

黄山书社（http://www.hsbook.cn）

（合肥市蜀山区翡翠路1118号出版传媒广场7层　邮编：230071）

经　　销：新华书店　　营销电话：0551-63533762　63533768

印　　刷：合肥精艺印刷有限公司　　电　　话：0551-64859368

开　　本：889×1194　1/32　　印张：5　　字数：120 千字

版　　次：2013年1月第1版　　2013年1月第1次印刷

书　　号：ISBN 978-7-5461-3215-0　　定价：22.00元

序言：彩云之南的“北平”

昆明是一个闲散而脉脉温情的城市。冰心女士在《摆龙门阵——从昆明到重庆》中写到：“喜欢北平的人，总说昆明像北平，的确地，昆明是像北平。第一件，昆明那一片蔚蓝的天，春秋的太阳，光煦的晒到脸上，使人感到故都的温暖。近日楼一带就很像前门，闹烘烘的人来人往。近日楼前就是花市，早晨带一两块钱出去，随便你挑，茶花、杜鹃花、菊花……还有许多不知名的热带的鲜花。抱着一大捆回来，可以把几间屋子摆满。”

或许，了解一个地区的历史文化、风土人情最有趣的方法是背了行囊到当地去走街串巷，和那儿的人聊天，听取他们经历或知道的故事；而了解一个地方最直接的方法则是找寻关于当地的文史记载，当你读到正史抑或是野史中的点滴时，关于这个地方、这个地方的人，就会有了一个立体生动的印象。

昆明正是这样一个你可以去了解的城市，全市面积2万多平方公里，是云南省政治、经济、文化、科技、交通的中心。这里“天气常如二三月，花枝不断四时春”，是极负盛名的“春城”。

昆明的大街小巷是世俗的，一千二百多年的历史让这座城市充满了人情味。

昆明的街市整齐而富有自己的特色，尤其是城南车站一带。随着城市的扩大发展，昆明的街道也在一直不断的延伸，然而不论旧时还是现在，发达的商业区都集中在南门“金马”、“碧鸡”两坊间。最热闹、最繁华的街道叫做金碧路，再往前就能转进东寺街近日楼的步行街。

东西寺塔文化步行街，将昆明最古老的两塔与新步行街上的仿古近日楼、南北院、南北厢等老昆明建筑连接在一起。步行街两边林立着古色古香的商铺，所有的青石板路都是用长石条铺就，上面布满了道道凿痕；两旁建筑的彩绘装饰、镂刻非常精致。街道上“昔日的马帮”、“敲更老人”、云南十八怪中“鸡蛋串着卖”等五组栩栩如生的青铜雕塑，真实地再现了老昆明的市井风貌，营造了浓郁的历史文化氛围。

昆明的衣食住行也是充满了浓郁的地方特色。昆明的天气是“四季无寒暑，一雨便成秋”，每年无论寒暑季节，都不必

重裘轻葛。在街上常常看到几个季节的服装并存，有的人穿了薄薄的衬衣，而有的人却穿上了厚厚的毛衣。不论哪一种装束，一切都以舒适自由为最重要。

关于食，昆明人是颇为率性的，人们似乎天生和辣椒结下了不解之缘，几乎每餐每顿都会有辣椒相伴，否则，即使山珍海味，也会觉得美中不足；而米线则是昆明人的最爱，昆明人会隔三差五吃上一顿米线，当地人常常把这叫做“甩进一碗米线”。

关于住，古时的昆明除了各个胡同里的民房，城内还耸立着金马、碧鸡、天开、云瑞等大牌坊，这是在西南各省会中绝无仅有的。而现在，寺庙古迹等时代久远的建筑渐渐减少了，几个重要的牌坊或建筑还继续保留着，和其他城市一样，如今街道上满是鳞次栉比的高楼和各式商铺。

关于行，也是昆明值得大书特书的。昆明的街道布局不像北方城市那样有着泾渭分明的东西南北，倒是多显了几分随意和懒散。当然每条街道都有不同的主营功能，熟悉了这些不同

的片区，要买什么东西都是非常方便的。除了走街串巷之外，更重要的是各种风景名胜遍布城市各处。其中就有著名的昆明八景：螺峰山“螺峰叠翠”，五华山“五华鹰绕”，金马碧鸡坊“金碧交辉”，莲花池“禹山倒影”，官渡“古渡鱼灯”，其余还有“霸桥烟柳”、“商山樵唱”、“云津夜市”。这些景色今天大多都还可以清晰感受到。

昆明的市井生活是世俗的，是充满了人间烟火气息的。加之其地理位置的特殊，处于我国西南边陲，虽然和中原内地城市有一定的距离，但每个年代的时尚之风却是丝毫不亚于中国任何一座发达城市。

19世纪末到20世纪初，外国人的进入也给昆明带来了许多异地的文化，比如生活方式的改变，比如新式房屋建筑的兴建等等，都能看出西方文化的痕迹。在昆明很容易找到法式、英式等欧洲风格的建筑，很多还保存得相当完好。文化的传递，当然少不了文化的传递者。在各个历史时期都有来自外邦的各色人等进入昆明，逐渐使昆明成了具有包容性的奇妙的移民城

市。从昆明的名人故居中就可以感受到这种气质，它们或是典型的欧式风格，或是昆明当地汉族传统的“一颗印”建筑，或是清代遗留下来的木质瓦房建筑，抑或是根据当地情况而随意建造的房屋。

各路名人纷纷涌入昆明的高峰期或许就是西南联大时期了。抗日战争时期的边城昆明，仿佛是中国离乱时世中的一个“桃花源”，引得群贤会聚，如星汉灿烂。当年西南地区的交通极其不便，从北京、上海或是天津等地到昆明，要换乘各种交通工具，甚至绕道香港，然而因为时事所迫，数年间，仍有众多的名人名家聚集这里：冯友兰、金岳霖、梁思成、林徽因、吴晗、王力、闻一多、朱自清、沈从文、傅斯年……有哪一个不是独当一面的大家呢？他们留下的充满文气墨香的老屋，他们生活中留下的痕迹，在今天，无疑成了昆明的一大财富。

他们的踪迹，他们的喜怒哀乐，一如昆明的悠闲和随性。其生活点滴都在岁月的变迁中渐渐变得有些迷离了，但他们的气息犹存，仍是昆明作为中国西南独特的文化中心的不可或缺的因子。

今天的人们不再是为了躲避战乱而来，而是为了躲避尘世的种种困惑和压力而来到这个高原上的城市，再向彩云之南的各个角落辐射。昆明，桃源依旧。

目录

第一章

将军拔剑南天起

平生慷慨班都护

蔡锷故居

我属久居云南大学之人，要不是因为寻找蔡锷故居，或许永远不会发现自己居然还和这位护国运动时的名将是邻居。

初时查阅资料得知蔡锷故居大概在昆明市北门街原45号，据说抗战初期，沈从文一家及其姨妹张允和、联大的教授杨振声一家都曾住在这里。

北门街位于翠湖东北，圆通山西麓，民国时期因有“唐家花园”、“北门书屋”等景观，成为老昆明最著名的街巷之一。

就在这条普通的小街上，上世纪曾居住过许多在中国现代史上颇有影响的著名人物，如唐继尧。他为庆祝自己的生日在北门街原71号建造的戏楼(俗称“唐家花园”)是当时昆明规模最大、环境最为幽雅的私家花园。抗日战争时期，许多名流学者寓居昆明，唐园的戏楼包厢全被清华大学办事处租赁作为单身教师宿舍，清华文科研究所初恢复时也曾设于此。北门街原45号、98号

蔡锷（1882—1916），中华民国初年杰出军事领袖。

◆老昆明北城门，蔡锷故居就位于附近

也曾是西南联大的教师宿舍。

可是当我真正去找北门街45号时，却怎么也寻不见这个门牌号。今天的北门街早已被修葺一新，昆明最豪华的商住楼之一就耸立在这条街上。顺街一直往南，过了北仓坡，在商住楼的对面不远处，还保留有当年著名的北门书屋的旧址。现仅存的一排两层老屋(民国时为昆明商会会长李琢庵先生建造)，便是“七君子”之一的李公朴先生的居室，楼下为“北门书屋”，书屋对面为“北门出版社”。

北门书屋在1983年被公布为昆明市文物保护单位，现在其所在的这座二层中式结构建筑是一家云南马帮菜主题餐厅。

张允和曾经记录到：“窗前有一小路通山下，下边就是靛花巷。”她所指的“小路”就是今天的丁字坡。而蔡锷的故居就在

◆蔡锷

北门街和丁字坡的交会处。按照这样的地址，当年的蔡锷故居今天恰恰被这个豪华商住楼所占据。目前只是丁字坡还保留着，从坡头往下走就可以到达翠湖南路。我只能站在高高的大楼前无限感慨，也仅仅只能通过尚存的北门书屋旧址遥想当年的街景和人情。

所幸，还可以从沈从文先生的文章中对这里的情景大概知得一二。当年沈从文在《昆明冬景》中写到："新居移上了高处，名叫北门坡，从小晒台上可望见北门楼上用虞世南体写的'望京楼'的匾额"。并且写到，在他的住处附近"有杂树一林"，常见有松鼠"在树枝间惊窜跳跃"。抗战胜利后，他回到北平，又在一篇《怀昆明》中写到，"初到昆明时，事有凑巧，住处即在五省联帅唐赓（即唐继尧）住宅对面，湖南军人蔡松坡先生住过的一所小房子中"，院子里"点缀有三人方能合抱的大尤加利树"，在"瓦檐梁柱和树枝高处，长日可看见松鼠三三五五追逐游戏"，并说："这房屋的简陋情况，和路东那座美轮美奂以花木亭园著名西南各省的唐

◆唐继尧

蔡锷（1882—1916），中华民国初年杰出军事领袖。

公馆，恰成一奇异的对比。” 他所提到的地址就是现在北门街街头东边的动物园所在地。与动物园隔街相对的西边有个小山包，可能就是过去北门坡的城门楼。这个小山包，如今已被圈在云南大学的院墙里。

在这条小街上短暂生活过的蔡锷，似乎命中注定一生将和云南发生着不同寻常的关系。

蔡锷原名艮寅，1882年12月生于湖南宝庆(今邵阳)一个普通农家。他13岁便中了秀才，16岁考入长沙时务学堂，在当地有“神

◆唐公馆旧日大门，据说是用被拆毁的砖瓦重新建好的

童”之称。当时谭嗣同为学堂总监，梁启超任中文总教习，维新派人士唐才常也在此授课。在此，蔡艮寅与梁启超结下了持续终生的深厚师生情谊。

1898年，“百日维新”失败，“六君子”血溅京门。这年，蔡艮寅16岁，他一改旧名，为自己取了一个更为响亮的名字：蔡锷。他说：“锷，剑刃也。《庄子·说剑》云：‘天子之剑，以燕溪石城为锋，齐岱为锷。’共和之剑，则将以宪政为锋，民军为锷也。”他要睁开眼睛看世界，与11名同学应梁启超所召，东渡日本。

1902年，蔡锷投笔从戎，考入日本士官学校第三期，立志以军人之躯报效国家。1904年，蔡锷毕业回国，进入军界。1911年辛亥革命时，蔡锷发动新军响应武昌起义，举行了“昆明重九起

◆蔡锷故居旧址改建的得意居餐馆（张卫民·摄）

蔡锷（1882—1916），中华民国初年杰出军事领袖。

◆北门书屋旧址，二楼是李公朴曾住过的地方

义”，并担任起义军临时总指挥，起义胜利后被推举为云南军政府都督。

辛亥革命胜利后，1913年，宋教仁被刺，袁世凯忙着赶制龙袍。当时在北京的蔡锷实则是被软禁。他躲过特务的盯梢，离开北京从天津悄悄乘船到了日本。1915年，他从日本辗转到香港，又从滇越铁路跨过中越河口大桥进入了云南境内。在云南，蔡锷受到了滇军将士的热烈欢迎。12月19日，“护国三杰”唐继尧、蔡锷、李烈钧拉开了护国讨袁再造共和的序幕。在讨伐檄文中，蔡锷写到：“天祸中国，元首谋逆。”他公开讨伐袁世凯：“既为背叛民国之罪人，当然丧失元首之资格。”

再造共和的伟绩使蔡锷成为当时极具影响力的将领。讨袁成

◆1915年9月，蔡锷（中）与戴戡（左）、陈敬民（右）在北京密谋讨袁时的合影

功后，蔡锷却意外地主动辞去了四川督军职务，解甲归田。1916年11月10日，身患喉癌的蔡锷病逝于日本福冈医院，年仅34岁。

护国名将蔡锷在中国近代史上的历史星空中，可谓是一颗璀璨夺目的明星。孙中山先生在挽联中曾赞誉他："平生慷慨班都护，万里间关马伏波。"

蔡锷不仅是一位武将，还是一位富有传奇色彩的儒将。他和小凤仙的故事在民间广为流传。蔡锷当时33岁，小凤仙17岁，两

◆如今的北门街高楼林立，非常繁华

蔡锷（1882—1916），中华民国初年杰出军事领袖。

情相悦，英雄美人缠绵悱恻成了千古美谈，民间亦多有传说。

◆蔡锷的红颜知己小凤仙

本来，蔡锷的私生活极为严肃，从不涉足花柳，为了麻痹袁世凯及其爪牙，他一头扎进北京八大胡同云吉班“逛窑子”，与一代“侠妓”小凤仙引出的风流逸事，更是闹得满城风雨。蔡锷借此机会，假意引起夫妇内讧，反目离婚；而蔡母亦假意偏媳，一怒之下率媳返回湖南。之后，蔡锷在小凤仙掩护下才脱离虎口。

今天，我们从蔡锷赠小凤仙的对联中可看出俩人的一番真情，“不信美人终薄命，由来侠女出风尘”、“其地之凤毛麟角，其人如仙露名珠”。

英雄美人的故事更增添了蔡锷的几分浪漫和柔情色彩，蔡锷也变得更具有了人性化的意味。查阅了很多资料，我发现，见证这些惊心动魄和传奇故事的不仅仅有昆明的北门街45号，还有著名的北京棉花胡同66号。

1913年至1915年，蔡锷困居北京的那段日子里，所住的地方在如今的西城区棉花胡同66号。这本是所普通的宅院，原是天津盐商何仲的私宅，为坐东朝西的二进四合院。如意门内有砖砌影壁，前后院和房屋由抄手游廊、回廊相连，后院有车房。经近百年变迁，现在是普通民宅。院内的建筑已多有变动，但基本还保

◆护国军出师前留影，左起第三位为蔡锷

持着原先的格局，前后院之间的过门似乎仍是当年的模样。院内尚有数株老槐，瘿节累累，给人以历经沧桑之感。

相比北京依然存在的蔡锷故居，其昆明故居让我感慨良多。当年驰骋疆场的将军，其昆明故居如今已不见踪影，取而代之的是豪华的商住楼。每天经过这里的人不计其数，又有几个人知道这里曾经居住的是何等功高的一个人，发生的又是何等传奇的一个故事呢？

蔡锷（1882—1916），中华民国初年杰出军事领袖。

曾经的滇军名将

朱德故居

1955年11月，朱德回到云南视察，特意到了昆明市第六幼儿园看望教师和儿童，并欣然挥笔，题写了《洁园赏菊》诗，诗曰：“奇花独立树枝头，玉骨冰肌眼底收。且盼和平同处日，愿将菊酒解前仇。”1957年，朱德再次偕夫人康克清来到昆明，在幼儿园和孩子们留下了一张珍贵的合影。

朱德钟情这里是有原因的，很多人都不知道，这里曾经是朱德生活和斗争过的地方。从这所房子走出来，朱德开始了他一生的“万里长征”。

◆戎马倥偬的朱德

朱德的故居在昆明市五华山北面的水晶宫红花巷4号和小梅园巷3号，故居的旁边就是被誉

◆朱德故居，今天成了社区活动中心

为“城市绿宝石”的翠湖。朱德故居在翠湖宾馆不远处，离卢汉公馆也很近。特别是冬日的午后，可以在翠湖喂了红嘴鸥之后再到洁园参观。

故居不在街面上，通过一条窄窄的小巷，远远看到的古色古香的蓝色砖瓦墙就是故居的大门了。

水晶宫红花巷4号，是一幢典型的中式土木结构四合院。院落坐北朝南，正房有两层，面阔五间，两进深，檐下有廊，侧房面阔三间。整个房屋的建筑面积大约是380平方米。相邻的小梅园巷3号洁园为中西式砖木结构楼房，后置花园，面积566平方米，现在是昆明市第六幼儿园，两处共九百余平方米。

故居内环境幽雅宁静，坐在院子天井中小憩一番或是欣赏一下房屋的建筑结构是一件很享受的事情。由于地处僻静，少有人

朱德（1886—1976），中国无产阶级革命家、政治家、军事家。

来干扰，守馆的几个老人自得其乐，常常抬了椅子在天井里晒太阳。

这幢房子原来是陆军讲武堂教官马标的私宅。1909年，朱德从四川到云南，以蒙自籍考入了云南陆军讲武堂习武，和马标有师生情谊。1911年朱德从陆军讲武堂毕业，在云南辛亥“重九”起义、护国运动、靖国战争中屡建奇功，因此升任为少将旅长。1921年朱德出任云南省警察厅厅长，马标从友人那里得知朱德正在寻找住宅时，便将此房转让给他。朱德同时还购得房后的空地和几间旧房。

这所房子由朱德和挚友李云谷设计、布局，最后建成了中西式外走廊砖木结构的楼房。楼的东面一间是朱德当年的住房。楼的后面建了一个花园，中间有溪秀池、假山、草亭等。池中建了渡春桥。园中石径幽曲，还种了观音柳等名贵花卉。

1921—1922年，朱德居住在这里，而这段时间也是他的思想处于激烈变化的时期。朱德当时任警察厅厅长，生活优裕而安定，但一颗救国救民的心久久不能平静。此时，袁世凯虽早已退位，但依旧军阀混战，干戈频起，人民涂炭。作为一个有远大理想，“誓拼铁血铸中华”的人，自然不会安于

◆朱德与康克清在昆明

朱德（1886—1976），中国无产阶级革命家、政治家、军事家。

◆被誉为昆明“城市绿宝石”的翠湖（图片提供：全景正片）

◆故居内部的布局

现状，立志救国救民于水火。1922年，他把仅住一年的洁园托付给护国军同事李云谷先生代管，到马克思的故乡柏林去寻找革命真理，在那里，经周恩来介绍，他加入了中国共产党。

朱德走后，房屋一直由李云谷代为管理，后来征得朱德同意，将两处房屋全部交给了国家。今天的红花巷4号成了社区文化、体育活动中心，小梅园3号则成了幼儿园。1987年这里被列为省级重点文物保护单位，但是房子因年代久远不免有些破败之相。1995年政府对故居进行了全面的修复。

云南是朱德革命生涯和政治生涯的起点，从他上过学的陆军讲武堂和他居住过的洁园，我们都能追寻到历史的点滴踪迹。

陆军讲武堂建于清末，现在的保护范围东至翠湖西路，南至

朱德（1886—1976），中国无产阶级革命家、政治家、军事家。

四合院南侧道路，外侧至科技宫宿舍北侧，西至前局街，北沿仓园巷至翠湖西缘。由于保存完好，游人可以清楚地看到当年讲武堂的模样。

云南陆军讲武堂是适应清末军制改革，建立新式陆军，需要大批新式军官而创办的。云南陆军讲武堂创办于1909年9月，讲武堂最初的总办（校长）由云南兵备处总办高尔登兼任，云南留日士官学校毕业生、同盟会员李根源为监督。不久高尔登辞去兼职，李根源继任总办，主持校务。加上大批留日回国学生、同盟会员被聘为讲武堂教官，从而使当时的革命派掌握了讲武堂的大权。这样，清末的云南陆军讲武堂不仅规模较大，课程较完善，

◆ 云南陆军讲武堂

◆年轻时的朱德

教育质量较高，而且充满着革命的气氛。

1909年，朱德离开家乡四川仪陇，与其好友秦昆，经过70多天的长途跋涉，来到云南省城昆明，目的就是要投考云南陆军讲武堂，以寻找救国的道路。第一次入学考试，两人成绩都比较好，达到了录取要求。然而出乎意料的是，秦昆被录取了，朱德却榜上无名。

◆1900年讲武堂创建时校长与学员合影

原来，秦昆填的是云南籍，朱德填的是四川籍，所以一个被录取，一个未被录取。因为云南陆军讲武堂创办之初，当局有两个目的：一是为当局培养所需要的军事人才；再就是为对付英法对云南的侵略。因此，对云南省外的考生，讲武堂起初暂不考虑录取。又过两三周，讲武堂第二次补行招生，朱德接受了教训，遂假填籍贯为“云南临安府蒙自县”，姓名也用的是“朱玉阶”。由于成绩考得好，又是“云南籍”考生，朱德自然顺利过关被录取了。但是，入学以后，假填籍贯的问题很快就被暴露了。按当

朱德（1886—1976），中国无产阶级革命家、政治家、军事家。

时的规定，是要开除学籍的。但由于朱德成绩优秀，是一个难得的人才，关于如何处理这个问题，讲武堂高层发生了争执。有的说，应当严格执行现有的规定，开除学籍，否则以后讲武堂很难管理；有的则为朱德的精神所感动，主张变通处理，不必开除学籍。主持校务的李根源最后表示："籍贯错了改回来就可以了，不要为这样一个问题把一个不辞千里跋涉来投考讲武堂的有志青年拒于校门之外。" 朱德这才被留了下来。

考入讲武堂后，朱德利用一切时间如饥似渴地读书，操练之余和节假日都不肯懈怠。那时，各种宣传、鼓动革命的进步书刊

◆ 气势巍峨的陆军讲武堂

◆朱德故居外观

秘密传入讲武堂，在同盟会会员中相互传看。这一切引起了云南当局的注意，总督下令秘密追查。于是一些扮成军人的地痞进入讲武堂捉拿看禁书的进步军人。

有一个星期天，同学们都外出玩去了，朱德一人在安静的宿舍里看书，由于他一时入了迷，未察觉有一个生人闯进来。来的这位生人恰是查禁书的。他见朱德读得如此着迷，便断定读的一定是禁书。当时朱德读的确实是一本进步书籍，只不过这本书已被朱德包装过了。这时的朱德已经有了革命的经验，凡是传到他手上的进步书籍，他都要重新制作封面，以便掩人耳目。来人问

朱德（1886—1976），中国无产阶级革命家、政治家、军事家。

朱德看的是什么书，朱德便把书合起来，露出《三国演义》的封面说，看的是《三国》。巧的是，那天来查禁书的人，本身就没文化，他从朱德手中拿过书来，装模作样地把书翻了翻，还一连说了好几遍“是本好书，是本好书”。后来，这件事还在讲武堂被编成一句歇后语：玉阶兄看《三国》——蒙人。

朱德自1910年2月正式进入讲武堂学习，到第二年的7月提前毕业，只在云南陆军讲武堂生活、学习了一年多时间。然而，这一短暂的经历，却给朱德的一生奠定了厚实的基础，也正是从这里，朱德开始了他一生的戎马生涯。

今天我们去参观洁园，可以看到故居内名为“云南人民怀念朱老总”的陈列室。陈列室展出图片、书画、拓片、衣物等，内容分为三个部分：推翻封建王朝的勇士，革命的英雄、人民的领袖，心系云南的人民公仆。

彝家将军铸传奇

卢汉故居

昆明翠湖素来是文人墨客歌咏之地。除了城中之湖的优美景致之外，这还应该得益于周遭的人文环境。似乎每个时代里都有各类要人钟情于翠湖周边，使得翠湖成为昆明一道独特的风景线。

如果按照顺时针方向从云南大学正门沿湖行走两三百米，到了翠湖南路4号，便是卢汉公馆。

现在一般人都不知道这里便是卢汉旧居。因为偌大个院子，总是两道大铁门紧锁，门外没有一点文字标识，仿佛世外桃源，神秘至极。只见高高的院墙内绿树浓荫，隐约间显露出一幢法式小洋楼的尖顶。

我第一次去是周末，敲门许久才有人来应。原来这里已经是云南省政府的接待办公室，外人轻易不得入内。我好说歹说，守门的小伙子才放我进去。初时只想站在门口远远观望即可，不

卢汉（1895—1974），著名抗日爱国将领。

◆翠湖一景

料一入其门，立刻就被那幢老建筑的精美和壮观折服，忍不住拔腿就往里走。小伙子看拦不住我，只好威胁说里面有大狼狗把守着。虽然我怕狗，但是也管不了这么多了。小伙子见狼狗威胁不了我，只好先进去帮我看看狗拴好了没有。我这才得以心无羁绊地欣赏了起来。

位于翠湖畔的卢汉公馆，是云南近代名人卢汉的私宅，1933年竣工，现整个建筑保存较为完好。公馆坐南向北，共两层，攒尖顶，其上系半六角形亭式建筑，是典型的法国风格。

据说，公馆的房子建筑质量非常好，最初几十年几乎就没有维修过。屋顶的瓦都用铜丝拴好，这样可以防止瓦掉落。听当年

◆翠湖边的卢汉公馆

修建公馆的漆工说，房子的墙角都用银子打磨过，这样可以禁得起风雨的侵蚀。

院内有挺拔的竹子、樱花树，还有参天古木、热带植物等。馆舍飞檐于绿树之中若隐若现。阳台面湖而设，夏日那满湖荷色可尽收眼底。这样的住宅，昆明无二。建筑物四周有一大片绿地和树木，特别是旁边的一大片竹林，在徐徐的微风下，丰姿摇曳。竹林下摆放了一张竹桌竹椅，充满了闲情逸致。卢汉公馆西、南面较为开阔，这两面及北面有围墙，构成院落。

淡红色的围墙，见证了这座历经70年风雨的宅院里所发生的一切。当年，国民党云南省政府主席卢汉在此将沈醉、张群等国民党要员逮捕，之后宣布起义，并通电全国：云南解放。卢公馆

卢汉（1895—1974），著名抗日爱国将领。

现在的使用单位是云南省人民政府接待办公室，经过多次的修葺，卢公馆仍保持本来面貌。

卢汉出生在云南省昭通炎山地区一个殷实的家庭。卢汉的姑祖母在当地是一个具有传奇色彩的人物。虽说生长在奴隶主家庭，但因为在农村，少年时的卢汉也参加了一些轻微的体力劳动。卢汉很小时就与居住在自己家里的表哥龙云一道被送进了昭通城里念书，然而，两人对读书的兴趣似乎都不高，却喜欢舞刀弄枪。

1912年，17岁的卢汉进入了云南陆军讲武堂第四期步兵科学习。云南陆军讲武堂不仅在云南，在全国也是赫赫有名。它创办于1907年，复办于1909年，一开办就成为了资产阶级云南同盟会成员活动的主要阵地。

◆ 卢汉故居外观，是典型的法式风格建筑

讲武堂内分为步、炮、骑、工程四种兵科。学校的制度和作风仿效日本陆军士官学校，纪律非常严格。每天上课6小时，下操2小时，早晨还有体操和跑步，晚上还有自习，夜间睡觉以后还常常有紧急集合的训练。1914年，卢汉从讲武堂毕业后，被分配到滇军中担任见习排长，从此，卢汉开始了自己一生的军旅生涯。

1915—1916年的反袁护国运动大大激发了卢汉的爱国热情。护国战争结束以后，蔡锷被任命为四川督军，大批滇军入住川境，卢汉在这时也随军进入了四川。唐继尧在护国战争以后个人的野心开始膨胀，成为滇系军阀的头领，掌握了四川的军政大权，卢汉在这个时候重新回到了昆明。卢汉与龙云一道，在唐继尧的军队中先后担任了各种要职。

从1926年下半年开始，北伐战争进展顺利，在全国范围掀起了第一次大革命的高潮。随着云南人民反唐呼声的高涨，龙云等

◆卢汉公馆一楼外观

卢汉（1895—1974），著名抗日爱国将领。

◆1950年，卢汉迎接昆明的解放军

人联名向唐上书，要求改组省政府，靠拢广州国民政府，还政于民。2月6日，龙云指挥卢汉及其军队接管了城市，在所有的公共建筑外面，尤其是火车站、各个城门和重要街道站岗放哨并逮捕了唐继尧的心腹，这就是云南近代史上反对滇系军阀唐继尧的“二·六政变”。期间，又发生了若干周折和变故。1927年，龙云出任了云南省务委员会代理主席。这一切，卢汉当居首功。在以后的很多年里，可以说龙云以卢汉为支柱，而卢汉以龙云得升迁，两个人互相依赖。龙云掌握云南大权，卢汉也因此而引人注目。

卢汉因为智勇双全，能征善战，在军中享有比较高的声誉。1937年7月抗日战争爆发后，卢汉被任命为陆军第六十军军长，于9月9日在昆明誓师，10月初从云南出发，奔赴抗日前线。

1938年3月，日军在鲁南攻打台儿庄失利，从各战场急调30万兵力于鲁南，分三路进攻徐州。这是抗日战争爆发以来敌人第一次在一个战场上集中如此众多的兵力。卢汉的部队在前往集结地途中，还未来得及熟悉地形和了解敌情，即与突入之敌不期而遇。经过2天战斗，卢汉命令部队坚守阵地，加强工事，不准擅自撤退。由于加强了工事，官兵们等敌人临近时才猛然跃出战壕，

卢汉（1895—1974），著名抗日爱国将领。

使敌猝不及防而就歼，不仅使敌人损失不小，更是重挫了敌人的傲气。敌人气急败坏，以重炮连击中国守军阵地达1小时之久，大地被炸得尘土腾空，不见天日。敌人正面突破台儿庄的计划未得逞，又集中全力从侧面攻打愚王山。卢汉部队奉命阻击，卢汉率全体官兵在敌人的疯狂进攻面前顽强抵抗，工事随毁随修，阵地失而复得，浴血奋战3天。敌坚攻不成，只得改变方案。卢汉部队的27天苦战，对鲁南战局起到了很大的稳定作用，使军政和老百姓该撤的都撤了。部队官兵牺牲不少，但更多的人们得以保住了生命和财产。

卢汉在抗日战争中经历了无数次战役，直至代表中方接受日军投降。他在解放战争中一次也没与共产党部队交锋，相反还破了蒋介石的美梦。当时蒋介石企图利用云南山势险峻的地理优势和云南容易得到美国方面支援的有利条件，打算在云南顽固坚守，等待美国支援的到来，做最后的顽抗。为此蒋介石在云南“整肃”，查封进步报刊、学校，逮捕进步人士。卢汉通过夫人将被捕名单传出，使他们迅速转移。在大搜捕中有数百人无辜被捕，毛人凤竟要判处400多人，卢汉以证据不足为由，利用多方关系进行周旋，终于解救了所有被捕者,彻底粉碎了国民党军依托西南负隅反攻的企图。在蒋介石作最后打算守住云南企图决一死战时，1949年2月，卢汉通电全国起义，云南和平解放，使国民党阴谋没能得逞。

站立于卢公馆面前，遥想当年事，颇有物是人非感。路上的行人匆匆，偶有经过此地的细心者大概能够看到这座建筑，但是至多也只能凭想象猜测种种了。

卢汉（1895—1974），著名抗日爱国将领。

从“衙门菜市”到“云南王”府

龙云故居

昆明旧时曾有一个“衙门菜市”，街两旁店铺林立，南北货充盈。店前是各种菜担肉摊，猪牛羊肉，鸡鸭鱼，豆腐咸菜，路边糍粑，经营品种之多，让人目不暇接。早上买菜高峰时，更是摩肩接踵，人声鼎沸。街的中段还有洋行，大概是旧时的买办也看中了这里的人气。

清代云南省布政使司——藩台衙门，就在这条叫做威远街的地方，威远街是辛亥革命后取的名字。随着时光的流逝，昆明城内这已不存在的衙门早已经不为人所知了，取而代之的是一片金融区和一个全市最大的菜市场。

威远街现在位于昆明市中心正义路东侧，目前属于昆明市金融商业比较集中的地方之一。另外，在这条小街上可以品尝到很多具有昆明风味的小吃，还可以在威远街菜市场门前用最便宜的价格买到很多鲜花。

◆今天的威远街，高高的楼房矗立在街道两边

威远街龙公馆，20世纪80—90年代曾经是云南教育学院的教工宿舍，当时的龙公馆就已经年久失修了。而现在，龙公馆早已不复存在，取而代之的是一座名曰“龙园”的豪华住宅楼。当我按照记载找到威远街旧址时，矗立在面前的龙园让我发了好一阵呆，连忙打电话给熟悉旧址的朋友，他告诉我说没错，那里就是龙公馆的旧址。

传说中的昔日景象已不得见，从前龙云是坐着四人抬的大轿进出的。虽然当时也有汽车，但是因为正义路和威远街都是石板路，所以坐轿子要显得舒服一些。

当年西南联大到昆明时，因为办公的地点太过狭小，龙云慷慨的把威远街公馆的一部分安排给西南联大作为办公之用。据记载，当年联大的两位男女同学还在龙公馆举行了婚礼，一时间被传为佳话。

龙云（1884—1962），国民党抗日爱国将领。

龙云曾任云南省政府主席，统治云南18年之久。他后来支持民主运动，为和平解放云南作出了贡献，在云南近代史上算得上一个传奇人物，因而被称为“云南王”。

上个世纪的二三十年代，龙云在担任滇中镇守使(军长)时，曾先后在昆明购置田地，营造华厦。但他十分考究建房地点与“龙”的关系。如他在翠湖边建过一幢西式房屋，谁知因“六一四”政变，他被包围逮捕，枪伤左眼。他这才想到盖房的地名为干海子，龙住“干海子”，十分不吉利，便弃此他迁。后在威远街东面的黑龙池边，建成龙公馆，一住就是十多年!

龙公馆大概落成于1929年前后，约有70多年的历史。龙公馆占地二三亩，建有两院“三房一照壁”民居。后院为家属区，前院更为高大，是龙云招待外宾、开展一些公务活动的场所。楼上楼下正中分别高挂“阀阅增高”、“钺帷具美”两块匾额。《辞源》上解释：“书功状以榜于门也。在门左者曰阀，右者曰阅。后世因谓巨室曰阀阅。”这样，“阀阅增高”应解作房屋结构宏大，还有一层意思是寓意龙云成绩卓著，

◆龙公馆旧址，但是今天已经不见踪影了，取而代之的是一座豪华住宅楼——龙园

前程光明。“钺帷具美”四字中，“钺”是指大金瓜，“帷”可理解为装饰，“具美”是说房屋建筑家具装修，可能还有新式枪支陈列装饰，都达到完美高雅的境地。一楼大厅柱头处，悬挂木质对联曰：“大厦新成喜翠海波平昆华龙腾，重楼远眺看西山雨霁南浦云飞。”对联写了翠海、西山的景色，上下联的倒数第二个字合为“龙云”二字，这也是精心撰写的。

辛亥革命爆发不久，云南响应起义。龙云、卢汉等人投入滇军，被委为候差员，随部入川支援川军。回滇后，龙云被保送到云南陆军讲武堂第四期骑兵科学习。在讲武堂还发生了一件极富传奇色彩的故事：

1914年秋，昆明来了一个法国大力士(拳师)，自称“打遍天下无敌手”，在云南陆军讲武堂摆擂台比武三天，扬言：“有谁打

◆ 正义路街景，当年龙云就是坐着轿子从这里上五华山的（云南省政府的办公地点）

龙云（1884—1962），国民党抗日爱国将领。

败我，我就不在昆明立脚；无人打败我，昆明就是我的武术天下。”开头两天，大力士获胜，耀武扬威。到了第三天，龙云穿了一双草鞋，走上擂台。他漫不经心地把脚一提，草鞋从大力士头上飞过，接着就是一阵拳打脚踢，大力士颇感意外。在混战之中，龙云采取了“和尚撞钟”的方法，双拳和头部一齐向大力士撞去，将大力士撞翻在地，随即一扑将其压住。法国拳师只得认输，卷起行李，灰溜溜地离开了昆明。

長期抗戰爭取最後勝利
本省動員廿萬雄兵
凡現役軍人在此期間一律準備調用
咨請省黨部組織第二期女子服務團
製定抗日陣亡表忠牌優待直系親屬
設撫卹部專辦戰後撫卹

◆“七·七事变”后，云南省政府动员抗战的决议

龙云出人意外的胜利，轰动了昆明，引起了云南都督唐继尧的注意。1915年底，蔡锷率护国第一军向四川进军前，要调唐继尧身边的随从副官邹若衡为自己的副官。邹便推荐龙云做唐继尧的副官，并对唐说：“此人能力胜我十倍，可以保护都督。”唐想起龙云打败法国大力士的事情，即委任龙云为副官处中尉侍从副官。这成为龙云跟随唐继尧发迹的起点。

◆龙云与家人在一起

1927年“二·六政变”之前，龙云、胡若愚分别被蒋介石任为国民革命军第三十八军、三十九军军长。省务委员会成

◆位于云南大学校园内的映秋院，是以龙云夫人顾映秋名字命名的建筑，今天已被装饰一新

立后，名义上是四镇守使联合统治云南，实际大权却操纵在胡若愚、龙云之手。张汝骥拥有三个团的兵力倒向胡若愚一边，李选廷只有一个团的兵力，感到力量太弱，不敢与之相争。这样，龙与胡、张三军对垒，为争夺云南的统治权，矛盾日益尖锐。

6月14日夜，胡若愚、张汝骥突然派兵袭击了龙云的住宅，那时龙云的住宅在昆明翠湖东路。一颗小型炮弹在他住宅的花园爆炸，击毁了门窗。龙云的一只眼睛被玻璃片扎伤，顿时鲜血淋漓，被迫束手就擒。胡若愚把他关在铁笼子里，因眼睛没有得到及时治疗，后来成为终身残疾。

1945年8月，蒋介石命令第一方面军全部开往越南，接受日军投降。龙云对滇军全部调出颇为踌躇，要求暂编第十九师、

龙云（1884—1962），国民党抗日爱国将领。

第二十三师、第二十四师留在云南，蒋不予准许，只同意留第二十四师。当滇军开往越南后，蒋介石即坐镇西昌，亲自指挥昆明防守司令部司令官杜聿明，以武力改组龙云的云南省政府。

10月3日凌晨，杜聿明部队突然占领昆明市各要害地区，包围了龙云在昆明威远街的住宅。龙云毫无准备，逃上五华山，指挥仅有两个连的警卫部队，进行抵抗，并立即发出了戡乱电报，说杜聿明叛变，令卢汉率部回攻，各县大兴勤王之师。然而，通讯线路皆被切断，电报未能发出去。3日清晨，杜聿明派人给龙云送去蒋介石的命令，免去他军事委员会昆明行辕主任、云南省政府主席及所兼各职，任命他为军事委员会军事参议院院长，由杜聿明接收云南地方部队。

1948年12月8日，龙云乘飞机秘密离开南京，经上海转广州。9日晨，乘轮船到达香港。1950年1月3日，龙云离开香港，沿途经广州、武汉，受到热烈欢迎。1月18日，龙云到达北京，最终回到了人民的怀抱。

在大多数人的眼里，龙云只是一介武夫，几乎与文沾不上边。然而，龙云却非常关心教育，对知识分子也相当尊重，云南大学校长熊庆来就是被龙云力邀而来。

◆龙云与朱德

龙云当年亲自来到云大视察，他说“要把它

龙云（1884—1962），国民党抗日爱国将领。

◆海源寺是龙云别墅灵源别墅的所在

（云大）办好，首先是在校长得人”。因此，他苦苦搜寻云大校长的人选。这时，龙云的老乡，时任建设厅厅长的张邦翰以及省经济委员会主任缪云台、教育厅长龚自知、云大教授方国喻、龙夫人顾映秋都一致向他推荐数学家熊庆来担任云大校长，说熊庆来早有服务桑梓之心，处世好，为人善，学问大等等，是最理想的人选，云大校长非他莫属。龙云最终通过自己的真情实意感动了熊庆来，熊最终回到云南大学出任校长。

龙云还自己掏腰包，支持云大的发展。据统计，自1938年至1945年龙云被蒋介石武力逼下台，龙云年年对云大都有捐赠，少

◆龙云的灵源别墅

◆百年前的海源寺

则几万，多则几十万。龙云的夫人顾映秋，也给云大捐资建盖了一幢女生宿舍，即映秋院。

威远街上的龙云公馆已无从追忆，不过幸运的是，现在昆明西郊的海源寺还存有龙云的灵源别墅，并已被列为西山区文物保护单位。

海源寺位于昆明城西北的玉案山脚下的一个平原上，最早建于元代，后被毁，清初修复过一次，光绪年间又重修了一次。百年前的春秋佳日，此地曾是昆明人的一大好去处。青山古寺，静谧安详。据说从前殿内还有玉兰花一大株，根粗将近一人合抱，开花时满树皆白，香盈殿庭；寺前还有戏台，每年正月十五的庙会都有数千人前往游乐。或许就是这样的清雅环境吸引了龙云在这里建造别墅。1935年10月10日，蒋介石到昆明，翌日曾偕夫人宋美龄及高级将领何应钦等人，在龙云、卢汉的陪同下游览海源寺。1957年，周恩来总理出访印尼四国途经昆明，曾轻车简从游览海源寺。

◆龙云戎装

海源寺胜景也颇有观赏价值。入寺后经过大殿，有石阶通往观音亭；顺左山麓而上有大悲阁，供着准提菩萨，是一尊木刻千手观音佛像；大悲阁前还有伽蓝殿，旁边有很多深邃的岩洞；寺右有一深而且阔的龙潭，清泉汩汩，四季不绝，俗称“海源龙潭”；此外寺左山上还有西华洞，洞门有范承勋题“五色芝房”四字，门外可坐百余人。洞中石乳奇幻，有“琼岛奇观”、“耸翠流丹”、“西华玄岛”等题字。由于西华洞距山脚只有一里多路，路也不是很陡峭，到海源寺的游客可以登山到此洞一纵眼目。

龙云（1884—1962），国民党抗日爱国将领。

第二章

金马碧鸡遗华章

“何妨一下楼主人”

闻一多故居

早就得知闻一多故居在昆明市龙泉镇司家营。坐了大概一个半小时的汽车到了昆明的旅游景点黑龙潭，从这里可以转车到龙泉镇，可是问了很多人都不知道哪里是龙泉镇。开出租的大多是外地人。终于，一个小伙子问我是不是就是“龙头村”，我连忙回答就是了，让他带我去，其实心里还是没有底。车子开了很久，终于到了龙头村。我一下子想起在什么资料上看到过，应该就是这里。心里甚是喜悦，立即开始寻找旧故，可是很让我失望，很多人都不知道闻一多故居或是顾家花园（梁思成、林徽因曾居住过的地方）。

真是鬼使神差，我向一个在小店里缝衣服的30多岁的女人打听时，她极热情的说让我去找她的姑爹，叫刘风堂，说是他写过闻一多故居的文章。我连忙问了地址。说是老人家住在龙泉镇的瓦窑村，进村提他的名字就可以找到了。从镇中心的龙头村往北

闻一多（1899—1946），中国诗人、学者、民主战士。

◆闻一多殉难地，现在是云南师范大学附属幼儿园

走大约二十几分钟就到了瓦窑村，很快我就找到了78岁而依然精神矍铄的刘风堂老人。老人家有一个很大很清爽的院子。老人丝毫不惊讶我的到来，把我领进屋里，为我娓娓道来。

闻一多在昆明市区曾经居住过4个地方，其中的两处分别是西仓坡和昆明一中，这两处广为人知，但是这些老房子现在都不在了。

西仓坡故居现在是云南师范大学附属幼儿园所在，从钱局街（昆明旧时造钱币的所在）街口往东大约100米就可以看到“闻一多殉难处”的指示牌。顺着指示箭头就可以看到一条狭长的小巷子，往里稍走几步就到了先生殉难处，也就是闻一多在西仓坡的旧居。

钱局街可算作今天昆明颇有小资情调的街道了。道路两旁绿树成荫，街上各种时尚店铺林立。

另外两处是平政街的节孝巷和武成路的福寿巷。福寿巷的旧址已难以找寻，节孝巷旧居现在是昆明牙膏厂，旧宅同样被毁。

节孝巷是很有特点的老巷子，里面是大巷套小巷，小巷叫做怡园巷，和大巷是垂直分布的。巷子呈南北走向，巷口正好对着闻家，据说这个小院子的后院挖了一个深坑，类似于能躲避飞机轰炸的防空洞。可是这里也绝对不是最安全的地方，为了安全，闻一多最后还是到了昆明西郊，也就是今天龙泉镇的司家营。

司家营，大概位于龙泉镇的南边，闻一多1938年时随同西南联大其他人一同搬到此处。闻一多借住的该户人家主人叫做司永寿，据说当年司家盖新房缺钱，还是闻一多和朱自清拿出部分钱作为资助才将房屋盖好。

◆ 司家营所在的龙泉镇

闻一多（1899—1946），中国诗人、学者、民主战士。

◆司家营61号，图中男子是司家后代司兰英的丈夫

目前故居的门牌号是司家营61号。大门和院内完全保留了当年的原貌。大门上雕刻着精美的木雕和花纹。现在旧房内居住的还是司家的后人，女主人名叫司兰英。他们在旧居的旁边盖了新房，旧居基本只是平日用于做饭。主人担心过往的车辆会对房屋门前的瓦造成破坏，特意在大门前立了两个大水泥桩子以做保护。

整个院落的结构为“三间四耳倒八尺”，即正房三间，两侧各两间厢房，也叫作耳房，倒座则与耳房相对，是典型的“一颗印”建筑。今天看来，这座建筑不仅具有文化历史价值，即使在建筑学上也是有它的价值的。近年来随着现代建筑的发展，昆明地区传统的汉式“一颗印”建筑也在不断的消失，闻一多的旧居则是保存比较完整的一座此类建筑。

据说，闻一多住的是进门左侧的耳房，而对面住的就是朱自清、浦江清、何善周等四人。闻一多的女儿住的则是“倒座”。

◆故居是昆明典型的汉族建筑“一颗印”结构

正面的楼上是图书室，楼下为办公室。办公室是狭长而小巧的房间，可以直接通到闻一多住的耳房中。站在天井中可以非常清楚的观察到整个房屋的结构。

房屋的屋檐雕刻着很精细的木饰花纹，侧房屋檐下还有两个专门养鸽子的小笼子。正厅的两侧还有两个低矮的小门，据说这是当年闻一多和朱自清养鸡的地方。司永胜老人说，现在各级单位都很重视这里，房屋被作为“待定文物”，政府及媒体人士也三番五次造访这个地方，可能有重新修缮的意向。

主人很热情地介绍房屋的各个结构，并且讲起很多有趣的细节。其中一个细节很有意思，当年司家在粉刷墙壁的时候不小心把闻一多写在墙上的一首诗给粉刷掉了，现在很是后悔。还有一个有趣的小插曲讲的是当时华罗庚一家正无处可去，闻一多便邀

闻一多（1899—1946），中国诗人、学者、民主战士。

请华罗庚同住，房屋中间用一床布帘子将两家隔开，华罗庚当时还写诗怀念这段难忘的生活：“挂布分居共客膝，岂止两家共坎坷。布东考古布西算，专业不同心同仇。”

抗战时期，全国物价飞涨，而昆明是大后方滞留人口最多的城市之一，故昆明战时物价居全国之最。西南联大的教授也不得不靠卖文、卖物或兼差来维持日常生计。著名教授闻一多则靠治印以解断炊之忧。

闻先生自公开挂牌治印后，常握刻刀至深夜，特别是联大北迁前夕，闻先生为尽快凑足全家北迁时的旅费更是刻刀不停。在两年多的时间里闻先生刻过多少方印已无从统计。

司家营距离昆明市区有18公里，闻一多每星期两次进城上课。来回几十公里，为了节省车钱，他一般都是步行，很是辛苦。而到后来全家甚至连豆腐也吃不上了。一家人常常都不知肉为何物，饭桌上经常就是炒蚕豆、清水煮白菜和萝卜。为了补充点营养，家里买点豆腐渣和白菜煮在一起，闻一多还给它取了个雅号，叫做“一锅煮”。

生活虽然艰苦，可书却不能不读。闻一多祖上世代耕读，是典型的书香门第，他从小就浸染于浓郁的传统文化氛围中，酷爱古典诗文和美术。从小的生活环境养成了闻一多喜好读书的习惯。闻一多都是在楼上的房间里读书，常常一读就忘了时间，吃饭经常是要喊很多次，而几天不下楼更是常事。早在云南省蒙自县时（当时西南联大迁云南，闻一多先到了蒙自），闻一多就因为每日除了讲课之外，潜心治学，很少下楼，被大家戏称为“何妨一下楼主人”。

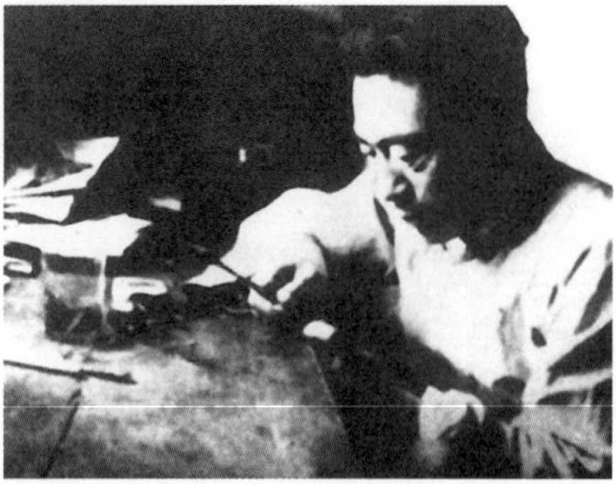

◆ 闻一多在西南联大教学时，因生活所迫挂牌治印章

到了司家营，这个习惯更是有过之而无不及了。

闻一多纵览群书，同时也将这些知识结合自己的理解无私地传授给学生，更难能可贵的是他将整个讲课过程变成了一项很有诗意的活动。

他把上课的时间从上午换到了晚上。晚上7点多，电灯点亮，闻一多着一身深色长衫，抱着多年来研究积累的大叠大叠的手稿抄本，昂然走进教室。学生起立致敬，闻一多随即坐下，但是并不开讲，而是慢条斯理的拿出纸烟匣，慢慢打开，对学生说："哪位吸？"学生随即大笑。没有人回应，闻一多就会自己点上一支，长长吐出一口烟雾，然后用拖得很长并舒缓的语调念道："痛——饮——酒，熟读——离骚，方得为真——名——士。"就这样，开始他的讲课。有时候他讲到兴之所至，常常一再拖延下课时间，直到月色洒了一地，才慢慢踱回住的地方。

◆ 闻一多全家福

闻一多在昆明的生活，是他从书斋逐渐走向社会的阶段。各种因素最

◆楼下是闻一多的住处

终促使闻一多成为了一名革命战士。在龙泉镇的日子里，闻一多也在关注国家大事，关注学生运动。1945年8月15日，对所有中国人都是非常重要的一天，就在这一天，日本投降。闻一多听到这个消息非常兴奋，立刻就到镇上把蓄了八年的胡子剃掉了。

抗战胜利后，闻一多更加积极地参加和支持学生爱国运动。1946年7月11日，民盟中央委员李公朴惨遭暗杀。事件发生后，闻一多当天就要去看看，家人阻止不让去。结果还没等到天亮他就去了。看到李公朴的尸体，他抱尸恸哭，怒火中烧，悲愤难忍。

在7月15日云南各界追悼李公朴的大会上，闻一多面对国民党特务，拍案而起，慷慨激昂地发表了著名的演讲，他在演讲中说："今天，这里有没有特务？你站出来！是好汉的站出来！"他表示为了民族"要像李先生一样，前足跨出大门，后脚就不准

◆闻一多的插画

备再跨进大门”的坚定决心。演讲后，闻家人一直在担心他的安全。直到他在学生的簇拥下回到西仓坡的家中，家人悬着的心才算落了下来。

可是当天下午，闻一多又赶赴《民主周刊》社，参加民盟为李公朴暗杀事件举行的记者招待会。长子闻立鹤送父亲出门。这时，往日还算热闹的西仓坡却变得寂静无人。

据闻一多的长女回忆说，下午5点，闻立鹤去接父亲。《民主周刊》社离闻家大概就200米的距离，拐过一个路口，家人看到父亲拿着一份报纸边看边走。马上就要到家了，全家人的心也放下了，可就在这个时候，枪响了。闻一多头部中了三枪，胸部、左腕也被击中。和他一起倒在血泊中的，还有出去接他的儿子闻立鹤。

闻一多（1899—1946），中国诗人、学者、民主战士。

我愿安息在这土地上

李广田故居

"1968年11月2日夜，莲花池周围的村民们听到不断的狗吠声，后半夜平息下去了。" 就在这一天，那位为昆明留下脍炙人口的散文《花潮》的作家李广田，就这样走完了他人生的最后一程。

20世纪30年代的昆明西北角是高校密集区，云南大学、西南联大都在那一带，住过那一带的人都记得那里有个莲花池。汪曾祺为此处还专门写过一首诗："莲花池外少行人，野店苔痕一寸深。浊酒一杯天过午，木香花湿雨沉沉。"这写的是当年的情景。随着时代和城市的发展，今天的西北角变得熙熙攘攘，再也没有当年的"少行人"和"野店苔痕"。相同的是这里依然学校密集，很多人也都知道这里是李广田生命的终结点。

30年代的李广田在《地之子》诗中写道："我是生自土中／来自田间的／这大地，我的母亲／我对她有着作为人子的深

◆云南大学校内的李广田故居（张卫民·摄）

李广田（1906—1968），中国作家、散文家、诗人。

情……我愿安息在这土地上／在这人类的田野里生长／生长又死亡……／我永嗅着人间的土的气息……”就是这样一位笔下散发着淡淡哀愁的知识分子，将自己最后的生命时光留在了云南大学，留在了昆明的莲花池。

李广田故居在昆明市翠湖北路52号，云南大学校园内。两层的小楼掩映在绿树和浓浓的文化氛围之中。从云南大学正门著名的95级台阶（云大95级台阶见证了唐继尧建立东陆大学的历史，在他眼里那是九五至尊，无上荣耀）可以直接抵达学校的“心脏”——会泽院，而从旁边长长的斜坡沿路而上，就可以在坡顶也就是在会泽院的旁边看到李广田故居。这里同样是任过云南大学校长的著名数学家熊庆来的故居。两任校长都曾在这里生活、工作过。小楼和今天云大其他建筑一样保持着沉稳的暗黄色的基调，房屋的所有建筑还保持着当年两任校长生活时的全貌。据云大的一位老师介绍，这座名人故居在全国都属于保存较为完好的建筑。

站立故居门前，早晨刚刚下了雨，地上的水还没有干透，屋檐下潮湿宁静。路上没有行人，只有沙沙的树叶声陪伴两位离我们远去的校长。学校里的铃声突然传来，让寂寥的房屋突然有了某种生命的活力。

踱步故居中，大致能推测当年李广田在云大的生活情景，细细品味他一生的文学成果，我们更可以感受到他的喜怒哀乐。

二楼的陈列室内部陈设没有保存李广田的生活旧貌，但是熊庆来的基本得以保留。整个故居只是在二楼进门右侧辟出一个房间用来收藏李广田的部分资料。屋里小小的桌上摆满了他一生最

◆会泽院原来是学生的教室，李广田常常会从教室后门进入，坐在最后一排认真地听课

李广田（1906—1968），中国作家、散文家、诗人。

主要的文学成果，像他的散文集《画廊集》、《银狐集》，还有他的长篇小说《引力》等。

1935年李广田从北大毕业，回济南教书，继续他的散文生涯，其作品结集为《画廊集》、《银狐集》。第一本散文集《画廊集》出版时，李广田的日语老师周作人拿到文集时称赞说："画廊集，一个好听的名字！"欣然为他做了序。因为受到周作人的影响，李广田也总是喜欢用淡笔写淡情，从不故作惊人之笔，用笔质朴无华。

《画廊集》一共24篇，每篇都是结构严谨、文字优美，有种自然清淡的风格。《画廊集》向人们诉说了一个太狭小又太缺少华丽的世界，一个朴野的小天地里的童年梦幻。李广田把这些过往的时光拾掇起来，贮藏在记忆中，然后再开始长途跋涉，就好像骆驼用驼峰贮藏水，是为了长远的沙漠之行。

故居墙壁上是李广田在任校长和教学期间的照片和相关资料。1935年，李广田和王兰馨结成秦晋之好，有人称赞他们是"诗人与词人的结合"，如今，他们的合影就悬挂在故居小小的房间里。房间中还挂有李广田参加各种活动的照片，其中也有他在清华大学与中文系同事的合影。

屋中最引人瞩目的或许就是那篇著名的《花潮》。这是云南大学的老师从附近的圆通寺翻拍下来的巨幅照片，据说今天的圆通寺还镌刻有这篇文章。"昆明四季如春，四季有花，可是不管山茶也罢，报春也罢，梅花也罢，杜鹃也罢，都没有海棠这样幸运，有这么多人，这样热热闹闹地来访它，来赏它，这样兴致勃勃地来赶这个开花的季节。"

◆故居内陈设的李广田、熊庆来塑像

浪漫多情的诗人写下这样美好的语句，但恰恰是这美好给当时的李广田蒙上了冤屈。这篇文章本是李广田在60年代为当时社会主义建设和新生活的欣欣向荣所感染，借到圆通山赏花之际写下的，却不想就是这样一篇优美的散文竟成了“春光似海，盛世如春”的绝唱。歌咏明媚春光、赞颂祖国勃勃生气的文章变成了宣扬封资修的“大毒草”。李广田终于忍受不了这样的奇耻大辱，最后于1968年11月跳进了莲花池。

昆明可以说是李广田的第二故乡。他是山东邹平人，1923年考入济南第一师范后，开始接触“五四”以来的新思潮和新文学，这个时期也奠定了他一生的创作道路。

1929年他进入北大外语系预科，开始在《华北日报》副刊和《现代》杂志上发表诗歌、散文。这段经历使得他结识了后来同被称为“汉园三诗人”的卞之琳和何其芳。何其芳在《还乡杂记·序》里说，“就是在这时候我开始和两位同学常常往还……

李广田（1906—1968），中国作家、散文家、诗人。

在那两位同学中，一个正在字斟句酌地翻译着一些西欧作家的散文和小说，另一位同学也很勉励，我去找他，他的案上往往放着尚未读完的书，或者铺着尚未落笔的稿纸……于是我开始了不分行的抒写。”这两位同学指的就是卞之琳和李广田。

1941年，李广田辗转到达昆明。北大、清华、南开三校合为西南联大，总校在昆明。学校里大批民主教授、进步学者荟萃，各种社团空前活跃。李广田除在中文系任教外，还担任了文艺社导师，和朱自清、闻一多等共同领导学生的文艺活动，他们办刊物，出周报，举行各种集会，宣传抗日，强烈要求建立一个和平、民主、自由的新中国。

在创作上，思想的成熟带来了创作的丰收，这一时期李广田出版了自选散文集《灌木集》、《回声》、《日边随笔》，短篇小说集《欢喜团》、《金坛子》，论文集《诗的艺术》和以自己生活经历为素材的长篇小说《引力》。《引力》是他唯一的一部长篇小说，先在郑振铎、李健吾主编的《文艺复兴》上连载，后由晨光出版社出版。这部小说在日本引起了极大的反响。

◆旧时的圆通寺

故居内的所有照片都在讲述着岁月的逝去和历史的沧桑。从照片上，我们还能清晰地看到当时在文学上获得声誉的李广田，身上的衣服却朴素而粗陋。事实上，李广田在这段时间的生活是相当清贫的。由于薪水微薄，加上当时通货膨胀，西南联大的很多教授生活都过得异常贫苦。典当衣物、卖家具甚至卖书是经常的事情。在昆明时，李广田的夫人在昆华高级职业商校教国文，李广田也在这所学校任兼职老师，一直教了好几年，夫妻二人的薪水加上李广田的稿费才可以勉强维持一家人的生活。

1952年，全国院系调整，李广田调任云南大学校长。他重返昆明，在那里度过了他生命的最后16年。

50年代的云大学生还记得第一次见到李校长时的情景。全校同学到运动场开会的时候，看到两个中年人站在入口处，其中一个穿着藏青色中山装，面容和蔼亲切，向每一个经过他身边的同学点头微笑。平易近人的李广田平日里丝毫没有校长的架子，他常常会在学校的花圃里摆弄一下花花草草，不认识他的人常常会把他看作是学校的花工。

◆圆通寺大雄宝殿的护法龙

16年间，李广田在云大现在的故居中从事着繁忙的教务和教学工作。有时候，他会从故居踱步到旁边的会泽院

李广田（1906—1968），中国作家、散文家、诗人。

听政治系的课。这时，他总是悄悄走进教室，坐在最后一排认真地听课，有时还会拿出纸笔记下一些东西。除了担任学校校长，他还坚持在中文系任教，同时也坚持他一辈子所钟爱的事业——写作。在他工作的十余年间，每一件事务都凝聚着他作为教育家的心血和汗水。人们都说，“李广田是用诗人的气质办大学”，人们又说，“他把教育家的热情写进了他的诗里”。

李广田晚年创作不多，有诗集《春城集》、自选集《散文三十篇》。《花潮》、《山色及其他》是他留下的最后几篇脍炙人口的散文。此外，他整理了德宏傣族叙事长诗《线秀》，重新整理并修订了撒尼族长诗《阿诗玛》。李广田深厚的文学功底和语言造诣，使得《阿诗玛》充满了诗意的美感，成为当时改编极成功的电影剧本。这部著名的电影剧本至今仍保留在云大的故居中。

除了在云大校园的居所之外，李广田一生在昆明换过多个地方，他是1941年底来到昆明，先住在玉龙堆（今翠湖北路靠小吉坡底一带），不久全家又迁到了兴隆街（今五一路和光华街的夹角）的商校内居住。1945年7月，他又搬到了距离昆明不远的呈贡县斗南村。

斗南村很有名，村里很多家庭的子女都到国外著名的大学就读，近半个世纪出的高校毕业生更是数不胜数。当时同在斗南村的还有很多著名的人物，比如许光、江应梁等人。

在斗南村的生活是愉快而充实的，抗战胜利以后，李广田回到了北平，50年代又重新回到昆明，最终在昆明度过了他的最后时光。

鸡鸣风雨滞南疆

朱自清故居

朱自清于1938年随新组建的西南联大到了云南。因为一时之间昆明来了这么多人，异常的拥挤，朱自清的云南第一站没有在昆明驻足，而是到了云南南部的一个小城——蒙自。这里就是后来的西南联大蒙自分校所在地。

蒙自县是滇南著名重镇，距昆明约三百公里，距越南不到一百公里。从昆明乘坐滇越铁路的米轨火车（云南称之为“小火车”）至蒙自需用一天时间。

这时的蒙自人口有一万人左右，虽然有支线铁路，但仍然是一个偏僻的小地方，只有三四条不错的小街和几间店铺。但朱自清却说这蒙自城“小得好”，住久了就会渐渐觉得有意思了，闭着眼睛都可以找到卖东西的店铺。

蒙自旧时曾为法租界，除有外国人居住外，还因毗邻越南，有好几家越南人开设的门面虽旧但风味却佳的小咖啡馆。

朱自清（1898—1948），中国散文家、诗人、学者、民主战士。

◆青云街，旧日景象已经不得见了，高大的楼房耸立街边

联大的师生喜欢在这些咖啡馆里边品尝咖啡，边聊天。聊家庭，聊战争，聊时事，有时也聊聊为人之道。朱自清也在这里和友人这样聊过：“世界上人分两种，一种最不容易满足，一种最容易满足。我是属于后一类的。”

联大于1938年夏天在昆明又借到一些临时教室，于是，文法学院比原计划提前一年离开了蒙自。联大蒙自分校也随之撤销了。朱自清先妥善地安排其他师生走后，他才离开，于9月初返回了昆明。

没想到在昆明这一住，就是七八年的岁月。在这段时间里，朱自清的住所多次变动。第一次来昆明，也就是去蒙自之时，住在昆明城东的拓东路迤西会馆，也就是今天的拓东路第一小学。从蒙自迁回昆明后住进了青云街79号。

青云街是昆明的一条老街，又叫贡院街，紧邻云南大学。今天的贡院还保留在云南大学校园内。青云街上传说有一座桥叫做“龙门桥”，考生要经过这座桥才能进入贡院参加考试，所以这条街取的就是“青云直上”之意了。抗战期间，联大的很多师生都住在这条街上。

可是好景不长，幽静的生活很快就被打乱了。1938年9月，日军开始轰炸昆明。联大的很多师生纷纷撤离到昆明的郊区或者呈贡县。朱自清一家则迁到了昆明西郊的梨园村。梨园村在昆明西边的大普吉和黑林铺之间。这个村子叫做灵源村，在龙云的灵源别墅的不远处。

在这个村子，朱自清住了大约半年多的时间，1940年迁回夫

◆云南大学内的贡院

朱自清（1898—1948），中国散文家、诗人、学者、民主战士。

◆司家营村入口处，再往里走就到了朱自清居住的地方，同样也是司家营61号

人的老家成都。第二年他一个人返回了昆明，这时候，朱自清住到了司家营，和闻一多做起了一屋之内的邻居。在这里，朱自清住的时间相对比较长一些。

朱自清初到司家营的时候，因为清华大学也于东北郊龙泉镇司家营成立文科研究所，由冯友兰任所长，闻一多为主任。这个研究所原是闻一多发展中文系的计划之一，所以许多清华教师都搬到研究所住。

研究所是一座古旧的院落，一色木结构的建筑，有一方小小的天井，楼上可以晒到太阳，楼下则很阴暗，但环境比较安静，没有空袭干扰，便于著作研究。闻一多全家住在一个侧楼里，朱自清单身一人，遂和浦江清、何善周、许骏斋三人合住在闻一多对面的侧楼上。中间大楼是图书室，也是公用的书房。由于住处临近，他和闻一多交往逐渐密切起来。

这时的他是单身一人，做饭、洗碗、补衣等生活琐事都得自己动手了，有时不想做饭了，他就啃冷馒头打发一餐。有时他整天吃稀饭，胃病厉害时，吃蔬菜都不易消化，只好嚼了再吐掉。尽管生活如此艰苦，但他忍受着贫困和病痛，仍埋头致力于读书做学问，搞研究。他不止一次地对友人说，抗战第一，生活苦一点不要紧。只要抗战胜利，就什么问题都好解决了。

从司家营到城里上课，有十多里路，只能沿着一条叫金汁河的河堤步行，然后再走一段田间的马车路。朱自清把每周的课集中安排在前三天或者后三天。到城里上课这三天，他就住在北门街的联大教师宿舍，课上完后的第二天一早再返回司家营。

当时联大教师的薪金都打了折扣，物价又贵，生活相当艰苦，闻一多靠镂刻印章的收入来贴补家用，没有荤菜，便领着孩子去田野里捕捉蝗虫，拿回来用油一炸再加点盐，号曰“炸大虾”，以此充当佳肴。

相比之下，朱自清有两个家庭需要他养活，开支极大，他除了上课就日夜伏案写作，希望以菲薄的稿酬来贴补家用。但些微收入，无济于事，最后总是入不敷出，相当狼狈。有一天，他只好扛着一张行军床，到城内永安商行寄售，朱自清想卖120元，但店伙却说帆布已破，只答允标价50元，商量半天，才增至60元。回到宿舍，他想想气不过，明知吃亏，但又无可奈何，只能在《日记》中详述其事，大骂年轻店伙是“奸商之尤”，“可恨之至”。

第二年1月6日，千余学生拥出校门上街游行，沿途高呼“打倒操纵金融的孔祥熙”，“打倒内贼、外奸孔祥熙”的口号，队

朱自清（1898—1948），中国散文家、诗人、学者、民主战士。

伍经过正义路、近日楼至拓东路与工农学院的学生会合。这是抗战以来昆明的第一次学生运动。朱自清抱病上街观看，对学生的正义行动深有感触，晚上回来在日记上郑重写上一笔：“游行时秩序良好，人数甚多。”

由于朱自清的家眷在成都，他独身一人，所以经常去龙头村看望那里的同事，王力家自然是少不了的。王力回忆说：“朱先生住司家营，我住龙头村。朱先生每逢星期天都来龙头村，共同吃一顿午饭。”

这段生活在《王力传》中有很详细的描写：朱自清住在司家营后，因患胃病需要休养，中文系的主任暂由闻一多代理。他单身一人住在乡下，几乎每星期都要到龙头村走一趟。他到龙头村，总爱到住在那里的教授家走走看看，和他们一块研讨学

◆ 司家营61号院内，楼上为朱自清住过的房间

◆1944年朱自清（左一）、闻一多（右二）等人合影

问，谈论时局形势。他每逢到龙头村，也必定在王力家中吃午饭。他常常是一踏进王力家门，开口就说："我'打牙祭'来了！"

1942年冬天，昆明的天气变得比往年更加寒冷，因为添置冬衣很花钱，朱自清就在龙头街买了一条披毡，这是云南马帮赶马人常用之物。此后，朱自清便披着毡子从司家营出发进城上课。他身着西装而外面披着毡子走在大街上的样子颇为引人注目。

离司家营不远的鸣凤山上，有一座用青铜铸造的金殿，十分著名。1943年1月24日星期日，是个大晴天，朱自清早上在房间里翻阅闻一多写的《庄子校释》，下午闷不过，乃约浦江清、闻一多同去游览金殿。

朱自清（1898—1948），中国散文家、诗人、学者、民主战士。

金殿始建于明万历三十年（1602），乃仿照湖北武当山真武殿式样建成的，为一道观，原名太和宫，又叫“铜瓦寺”，后被迁往宾川鸡足山。吴三桂率师进驻昆明后又予以重建，大梁上有“大清康熙十年，岁次辛亥，大吕月十有六日之吉，平西亲王吴三桂敬筑”的铜铸字样。里面的匾联、梁柱、门窗等均用铜铸成。殿前有一座铜铸的小亭和一面号称“七星旗”的铜旗，还有重27公斤的铜剑和大刀。金殿外面的围栏、石阶均用大理石砌成。整个殿宇宏伟壮丽，雅致轩朗。在殿的后侧，有一株粗逾合抱的山茶，枝过殿顶，还有两株紫薇。

朱自清十分欣赏那万紫千红向阳怒放的茶花，还和闻一多等人细读金殿碑文，考究建筑历史。这就算是偷半日之闲，苦中作乐了。

朱自清1946年从昆明返回北平，两年之后就在疾病中去世了。

寻觅云南文史之宝

施蛰存故居

施蛰存房间的墙上挂着一幅对联，上书“微云澹河汉，疏雨滴梧桐”。这是他在云南大学教书时的同事胡小石先生的手笔，与他一起同学的还有吕叔湘。施老晚年常常拿着当年与吕叔湘在云大的合影轻轻地自言道“六十年了”。

抗战期间，许多知名的大学者纷纷到昆明任教和工作，这其中就有上海的知名作家施蛰存。

施蛰存1905年在浙江杭州出生，在杭州教会学校之江大学及上海的复旦大学等校接受教育，他接受的是“五四”新文化运动的思想。他的性格也在这样一个倡导个性解放、精神自由、创造自由的时代氛围中形成。

到昆明时，施蛰存住在翠湖北路王公馆。公馆的主人是曾经担任过东陆大学名誉校长的王九龄。王九龄是当地的名人，曾经做过云南督军秘书长和富滇银行总行长。

施蛰存（1905—2003），中国作家、翻译家、古典文学研究家。

◆王公馆颇有气势的正门

王公馆位于翠湖北路2号，属于云南大学的范围。今天的王公馆已经被修葺一新，当做会馆。

房子为两层的中式木结构建筑，是中国传统的天井式格局。外墙是土黄色，边脚都用大石头砌好。院内整个色调是常见的大红色。院内天井宽敞，颇有规模，站在院内，当年主人大家风范的气势可见一斑。各个房间的门窗都雕刻精美，花鸟等图案造型简洁明快。

当年，施蛰存和吴晗等一些学者曾在此居住。

在这里住了一段时间后，施蛰存迁入了文化巷11号，最后在1940年离开昆明回到了上海。

在昆明，文化巷是一条很有名的小街，南边紧邻文林街，北边靠着云大后门。巷子深而狭长。房子都是很普通的民居建筑，真正特别的还在于出入这里的人。短短的小巷子，几乎都是大学教师和学生进出。巷内有很多云南师范大学及其附属小学的教工宿舍，旁边就是云南大学的校园，因此把这里叫做“文化巷”是名副其实的。在文化巷11号，住过好几位西南联大的教授，比如钱钟书、教育学家罗延光、数学系的杨武之等人。当然还有著名的文史系教授施蛰存和吕叔湘等人。

今天的文化巷11号早已不能寻见其踪影，街道两边的老房子几乎都已经被拆完了，临街的房子都已经变成了商铺。

在来昆明之前，施蛰存已经是文坛上颇有影响力的人物了，是中国新感觉派的代表作家之一。早在1929年他就已在国内第一次用心理分析方式创作出小说《鸠摩罗什》、《将军的头》而一鸣惊人。30年代他担任《现代》月刊主编，因主编《中国文学珍本丛书》70余种，更是蜚声海内，为保存中国古代文学典籍和普

◆重建时的王公馆

施蛰存（1905—2003），中国作家、翻译家、古典文学研究家。

◆王公馆窗户上的精美雕花

◆王公馆房门上的精美雕花

及古代文学知识作出了贡献。他主编的《中国比较文学》、《近代文学大系·翻译文学集》、《外国独幕剧选》、《百花洲文库》等多种丛书都具有广泛的影响。在学术研究领域，著有《唐诗百话》、《词学名词释义》、《花间新集》、《读词丛札》，校勘整理了《陈子龙诗集》。

来昆明之后，施蛰存参与筹备了中华全国文艺界抗敌协会昆明分会，那时的他是比较活跃的。但是因为施蛰存对“抗战文学”有些看法，于是与文艺界的关系开始有点若即若离了。这时，他的主要精力就转向了云南古代文史文献方面的研究上。

◆施蛰存与夫人

当时在云南大学文史系，施蛰存教的是大学一年级的国文、历代诗选和历代文选。“以施先生的造诣，教这些课应该是绰绰有余了，但施先生的回忆却颇让人出乎意外。‘我战战兢兢地接受了任务，努力备课，编讲义。上了几个月课，才知道过去光是读书，纵然书读得很多，全不顶事。有许多古典作品，过去读几十遍，自以为懂了，没有问题。可是拿到课堂上去一讲，经学生一问，就觉得有问题了。怎么办？要解答，就得研究。’”

施蛰存在云大三年，有机会读到了很多云南的古代文献资料，从此萌生了研究云南文史的兴趣。当时袁嘉谷在云大任国学教授和图书馆馆长。因为对文史很感兴趣，施蛰存当然少不了向这位清末的状元请教。出于爱好，在1941年他写过一篇《怀念云南大学》的文章，从贡院说到唐继尧创办东陆大学，再到后来的云南大学，他将其中历史讲得一清二楚。

在《怀念云南大学》中，施蛰存写到：“国立云南大学的前身是省立云南大学，省立云南大学的前身是私立东陆大学——这是唐继尧省长出资创办的，唐自署东大陆主人，故学校即名‘东

施蛰存（1905—2003），中国作家、翻译家、古典文学研究家。

◆王公馆内部是中式四合院的传统格局

陆’——而私立东陆大学的前身则为贡院。除掉会泽院及科学馆两座大楼是新造的以外，其余的校舍都是就旧有贡院房舍修葺改造的。这些屋舍，虽然显得破旧，但是从历史意味上讲起来，其对于云南文化的价值，却比那两座洋楼重要得多了。袁树五（袁嘉谷）先生所著《滇绎》谓‘数百年科举人才皆出其中’。而光绪年间又曾‘添号舍至五千’，可见当时规模之大。现在这五千间号舍虽已无存，但那画栋雕梁的衡鉴堂与至公堂却还是庄严地存留着。”

施蛰存还讲到了明朝末年永历帝到云南的时候，云大贡院曾是这位末代帝王的最后一个行宫。施蛰存还讲到了一副很有意思的对联：“文运天开，风虎云龙际会；贤关地启，碧鸡金马光辉。”当然，这副对联也是从袁嘉谷那里讨教来的。

施蛰存不仅从文献古籍中寻找自己感兴趣的材料，还时常走出书斋到昆明的各种街市上寻宝。

在一篇纪念沈从文的文章中，他说到在昆明福照街逛夜市寻宝的经历：“昆明有一条福照街，每晚有夜市，摊了五六十个地摊。摊主都是拾荒收旧者流，每一个地摊点一盏电石灯，绿色的火焰照着地面一二尺，远看好像在开盂兰盆会，点地藏香。”

“在福照街夜市上，我们注意的是几个古董摊子，或说文物摊子。这些地摊上，常有古书、旧书、文房用品、玉器、漆器，有时还可以发现琥珀、玛瑙或大理石的雕件。外省人都拥挤在这些摊子上，使摊主索价越高。”福照街就是今天的昆明市五一路中段，也就是武城路与光华街之间的那一段。解放以后，那地方的夜市变成了菜市场。

施蛰存给人更多的印象似乎就是一位新派作家，而在云南的日子里，他的兴趣显然更多是在文史上，并且有了很高的造诣。

◆施蛰存喜欢寻觅的昆明古城如今已不复存在

施蛰存（1905—2003），中国作家、翻译家、古典文学研究家。

第二章

滇池有幸邀名宿

最惬心意数默庐

吴文藻、冰心故居

冰心女士在回忆录中记载到：“他（吴文藻）到了云南大学，又建立起了社会学系并担任了系主任，同年又受了北京燕大的委托，成立了燕大和云大合作的‘实地调查工作站’。我们在昆明城内住了不久，又有日机轰炸，就带着孩子们迁到郊外的呈贡，住在华氏墓庐。我给这座祠堂式的房子改名为‘默庐’。”

“从此文藻就和我们分住了。他每到周末，就从城里骑马回家，还往往带着几位西南联大的没带家眷的朋友，如称为‘三剑客’的罗常培、郑天翔和杨振声。”

吴文藻一家是1938年秋天来到昆明的。当时吴文藻是应熊庆来的邀请来到云南大学任教的，冰心和家人随行。

吴文藻一家到昆明也是辗转过好几个地方。最先是住在螺峰街，在这里可以看见西山。开始居住在这里，冰心一家对这里的环境非常满意。在这里居住，最让冰心感到快乐的事情就是买花。

吴文藻（1901—1985），中国著名社会学家、民族学家。

当年在昆明的市中心近日楼前就有一个花市。常见的、没见过的、不知名的热带的鲜花摆满了花市。这里的花不仅新鲜，而且很便宜。冰心早晨出门带上一点零钱，回家时就可以带回一大把鲜花，把整个家装点得五颜六色。

◆ 1938年，冰心全家合影于北京燕南园寓所，此后即撤往大后方昆明、重庆

1939年以后，日本飞机对昆明开始了越来越多的轰炸。吴文藻一家疏散到了郊外的呈贡，那里距离昆明有16公里，在昆明的东南边，距离滇池不远，安全而且安静得多。到昆明的交通当时还算方便，滇越铁路上的小火车经过这里。

爱花的冰心似乎和鲜花有着解不开的缘分，呈贡也是一个鲜花生产基地。当地的农民历来有种花的传统。全国最大的鲜花基地斗南村就在呈贡，昆明市民常有周末到斗南买花的习惯。结婚的新人也喜欢到这里买大堆的鲜花回去装点新房。当然，这里的鲜花最特别的还在于它是论斤卖哦。

吴文藻和冰心初到呈贡找房子的时候，县城里已经没有可租的地方了，就只有华氏祠堂，也就是华氏墓庐还空着。但是墓庐的主人说什么也不愿意出租这里。最后，呈贡县政府只好出面去找墓庐的主人商量，最后告诉主人说这是大老远从北京来的作

◆1939年，冰心在云南呈贡

家，结果，房子的主人立刻就答应出租了。

1940年，冰心在《大公报》上发表一篇文章："呈贡山居的环境，实在比我北平西郊的住所，还静，还美。""前廊朝东，正对着城墙，雉堞蜿蜒，松影深青，霁天空阔。"还说："后窗朝西，书案便设在窗下，只在窗下，呈贡八景，已可见其三，北望是'凤岭松峦'，前望是'海潮夕照'，南望是'渔浦星灯'。"冰心是在烟台长大的，她专门比较了国内外的几个地方，最后得出结论就是："论山之青翠，湖之涟漪，风物之醇永亲切，没有一处赶得上默庐。我已经说过，这里整个是一首华兹华斯的诗！"

呈贡县是滇中"果菜鱼米之乡"，位于昆明市东南部，西临滇池，东临阳宗海。其面积541平方公里，是一个小巧玲珑的可爱小城。

今天的默庐在呈贡县三台路10号，从路边的小坡一直往北走，可以看到呈贡县人民武装部，在进门的左侧，就是冰心当年的"默庐"。这是一幢类似祠堂建筑的三间四耳的小庭院，坐西朝东，有两层，楼上和楼下各有房间三间，二楼前面有前廊。昆明呈贡县县城的"冰心默庐"，已经被修葺一新，正式对外开

冰心（1900—1999），中国著名诗人、女作家。

放。现在的默庐，古梅新竹，生机勃勃，书画楹联，清新雅致。

冰心之所以将华氏墓庐叫做“默庐”，一是出于谐音的考虑，二是寓示主人的沉潜之心。默庐的真正主人是呈贡斗南村的华氏宗族。斗南今天是全国闻名的“花卉之乡”，在历史上也是一个颇有渊源的地方。仅仅华氏宗族一家，在光绪年间就出了一位反清起义领袖华炳文，到了民国还有一位华司长，他辛亥革命以后任云南军政府实业司的司长，兴办了地方实业，是很有建树的名人，更被看作是云南实业开发的先驱者和奠基人。

冰心非常好客，每到周末的时候总会有朋友从昆明来到小镇，其中罗常培更是冰心家的座上常客。冰心在回忆文章中写到：“在每个星期六的黄昏，估摸着从昆明开来的火车已经到达，再加上从火车站骑马进城的时间，孩子们和我就都走到楼城

◆ 呈贡县三台路斜坡，沿着斜坡一直往北就可以找到默庐

上等候文藻和他带来的客人。只要听到山路上的得得马蹄声，孩子们就起身喊道：‘来将通名。’一听到‘吾乃北平罗常培是也’，孩子们都拍手欢呼起来。”

后来，吴文藻的女儿吴青教授重回默庐时，还依稀能记起她家居住过的那间房子。她扶着楼梯扶手，一上楼口就说：“这就是当年我家的居室，我妈的书桌就在西边的那个窗口下，这点我记得很清楚。”她在当年的家里踱步沉思良久后，又来到中间的那个房间里。

吴教授说：“记得中间这一隔，与北面的一隔是相通的。那次西南联大的梅贻琦、罗常培、郑天翔、杨振声等几位名教授来，我家也就是在这里接待他们的。当时默庐虽是陋室，但每逢周末这里却是人才萃集之所……”

吴青指着默庐南面的一处地方说：“当年呈贡的凉风亭就在

◆呈贡县武装部的大门，默庐就在一进门的左侧

吴文藻（1901—1985），中国著名社会学家、民族学家。

◆昔日的默庐（张卫民·摄）

那里，我们学生也常到那里去玩。据说我们学校的校歌，谢老师就在那里构思成稿的。”又来到楼口，吴青回忆说：“我还清楚地记得，有一次我从楼上滚了下去。当时，我只是哭，妈妈十分心疼我，安慰我，哄我。”

1940年，吴文藻和冰心离开呈贡后，仍时时刻刻牵挂着呈贡以及他们的默庐。1974年9月，饱受“文化大革命”摧残、刚获自由的冰心，因事来到昆明。她不顾自己74岁的高龄和多病的弱体，提出一定要回呈贡看看。在云南省文化局的关心安排下，她乘坐一辆破旧的轿车，来到呈贡故地重访。

事前县武装部已知冰心要来，特地把楼上的故居用石灰刷了一次，并把楼梯下的一堆烧柴搬开了。冰心一行走进默庐，登上楼梯，来到自己居住过的那间耳楼时，老人兴奋地说：“这就

◆1939年，冰心一家在默庐其乐融融

是我当年住过的房子了，这些年也没有改变。”并指着屋子的一个角说：“我的床就铺在这里。”接着她向陪同者介绍：“这里原来是华氏家族看坟人住的房子，前面有三冢华家的坟墓。”在观看过程中，冰心在询问了一些情况后说：“这里是历史留下来的，如有可能，最好能保留下来。”

接着，冰心又来到县城的文庙里。文庙是抗战时期“清华大学国情普查研究所”驻地，陈达、戴世光等一大批教授、学者都住在这里。冰心初到呈贡，曾在文庙西边的一间廊房里借住过一个月。

在文庙，冰心看了牌坊、祭坛、大成殿、月牙池等处，看到这里因无人管理，杂草丛生，石刻被损坏，石碑被推倒，三间大成门被火焚坏（1958年修水利时因堆放炸药不慎引起爆炸所致），老人痛心地说：“这些是呈贡县的历史遗迹和珍贵文物，被破坏实在太可惜，以后有条件还是应当恢复才好。”

冰心（1900—1999），中国著名诗人、女作家。

离开文庙，他们又来到县城南边的古城村魁阁前。魁阁是一座三层的宝塔式古建筑，四周是一片种植莲藕的秧田。当年社会学家费孝通来呈贡后，先在古城村一农家借住，后又迁到魁阁楼上寓居。冰心、吴文藻、陈达、戴世光、史国衡、沈如渝等名人也经常来此聚会。

当冰心一行这天来到魁阁时，不巧门上挂着锁，临时又找不到钥匙，他们只有围着塔基转了一圈。看到魁阁原貌未变，只是有些破旧了，触景生情，冰心深情地回忆道："这里环境幽静，七八月荷花盛开，我们在这里小叙聊天，人就在画中了。"

我登上默庐的二楼，想再看看冰心所说的"前廊朝东，后窗朝西"的景象，但是旧日的景象已荡然无存，取而代之的是各式各样的现代建筑。

冰心在《默庐试笔》中有段文字："最好是在廊上看风雨，从天边几阵白烟，白雾，雨脚如绳，斜飞着直洒到楼前，越过远山，越过近塔，在瓦檐上散落出错落清脆的繁音。"去踏访默庐的那天清晨，恰好是雨刚刚停，我似乎真的看到了那白烟、那白雾。瓦檐上不断淅淅沥沥滴下串串雨露，周边是安宁而沉静的，那种感觉让我久久回味。

乐业之道的“独腿客”

潘光旦故居

潘乃穆在对父亲的回忆中讲到：“父亲在清华学校上学的时候，因运动致腿伤，后来由于结核菌侵入膝盖而不得不锯去一条腿。奇怪的是我从小到大，思想上似乎从未把他和‘残废’二字联系在一起。也许是因为他行动敏捷，性格开朗，并不觉得他与常人有太多不同之处，也许是由于亲属关系，太熟悉了反而不加分辨。记得1942年我进联大附中上初一，住到西仓坡清华办事处他的宿舍里，在没有给我另架一个木板床之前，他那缺一条腿的空当曾权充我的铺位。那时我11岁，个子也小，头对着他的一只脚，就可以搁下。直到近年来国家兴办残疾人事业，听得多了，才忽然有一天悟到我的父亲就是一个‘残疾人’。”

梅贻宝先生也有记忆：“我在1915年入清华，初次看见他，他已经是独腿客了。在前一年他跳高跌倒，伤了腿。医师有欠高明，耽延一阵，竟成不治，只可把伤腿切断。他曾装过假腿，但

潘光旦（1899—1967），中国社会学家、优生学家。

◆这里大概就是昆明旧时非常有名的学士巷，今已不辨其确切位置

是麻烦胜过架拐，他索性架拐架了毕生。他虽然独腿，但是一般行动概不后人。周末同学们郊游散步，他从未缺席。他同我对于学生基督教青年会都感热心。有一次在西山卧佛寺开会。会序中有一项排列在寺院后山门（等于半山腰）举行。老潘亦就架拐登山，若无事然。"

作为中国现代性心理学的先驱学者，潘光旦在1913年考入清华时就开始崭露头角了，他在"各门功课都名列前茅，英文更是全级之冠"的基础上，很费了一番周折把图书馆里当时还不公开的蔼理士《性心理学研究录》6大册逐一借出读了一遍。也有别的同学向他辗转借阅，但都没有他看得全。那时他心里很自豪，在同学中间俨然是一位性心理学的小权威。

◆大河埂村村口，从这里沿着河埂走下去就可以找到潘光旦的故居

潘光旦学识渊博，性情平和谦逊。在学识方面，他有深厚的生物学、心理学素养，熟稔中国古典文献，经史子集之外，对小说、方志、年谱、家谱也很在行，同时也很注意统计手段在学术研究中的运用。他的外文（以英文为主）水平，备受同辈人的赞许。他喜欢背字典，把从英文版译过来的《英汉综合大字典》背得很熟。他的晚辈曾好奇地“考”过他，他不但能说出词的意思，还能讲出词的来源和掌故。他的英文写作“词汇丰富，文采风流”。据说他的口语发音，“隔室不辨其为华人”。总之，“正因为有如此深厚的学术素养和根基，再加上他那过人的天资，他能游刃于自然、人文、社会诸学科之间而运用自如。”

在昆明时，潘光旦主要为联大的社会学系开设优生学、西洋社会思想史和家庭问题等课程。蔼理士那本很有影响力的《性心

潘光旦（1899—1967），中国社会学家、优生学家。

理学》就是他在昆明译注的，而且其中很大一部分可能就是在学士巷翻译的。

学士巷在卢汉公馆的背后，原来是清代著名书画家钱南园的祠堂，后来因为周边兴建了越来越多的房屋，自然也就形成了一条小小的街巷。此巷被取名为“学士巷”，显然是出于对先贤的纪念之意。后来因为卢汉在这里扩建新公馆，原来的祠堂全部被拆毁了。今天很少有人知道这里曾经是云南百年史的一个小小缩影。短短的小巷道，承载了多少历史的沉重，如今，这里居住着二十几户人家，巷道旁边就是五星级的翠湖宾馆。

1938年，几位西南联大的教授同时住进了这里，其中就有大名鼎鼎的潘光旦。住房是一所中式楼房，潘光旦一家住在一楼，楼房正中有一个突起的阁楼，刚好可以用作书房。今天，潘光旦的旧居已经不能寻见踪迹，也没有人知道这里曾经住过我国优生学的开拓者。

因日军飞机的轰炸，潘光旦一家搬到昆明西郊的大河埂村居住，这个村子大约是在黑林铺以北1公里的地方。当时清华大学的几个研究所都设在那里。

大河埂村因其沿村有一条长长的河埂而得名。整个村落的分布呈狭长型。村子不算小，大概有一二百户人家。潘光旦住的是靠近村子下半段的137号。这是李姓人家的一座两层楼的院落，楼上楼下各有五间。当年潘光旦就是租用这里的房子才得以安定下来，他的房间是靠西的楼上两间。

今天的137号居住的还是当年李姓人家的后代。主人至今还亲切的称潘光旦为潘老师。据主人说，当年潘光旦到这里的时候他只有十来岁。开始看到潘光旦是一个独腿人，他觉得很是奇怪，后来得知潘光旦是清华大学的老师，不由得肃然起敬。

他们说，潘光旦常常会到院落中和当地人聊聊天。虽然潘光旦少了一条腿，但是他上下楼都是很灵活的。两个老人愉快地回忆到，当年的潘光旦说着他们根本听不懂更无法理解的语言，他们都觉得很有趣。

◆大河埂村的概貌，该村因紧邻一条河埂而得名

潘光旦（1899—1967），中国社会学家、优生学家。

在137号对面的小院里潘光旦还有一间新盖的房子作为他的书房。因为向西可以看见螺狮山，从东面可以看见铁峰坳，所以潘光旦把住房叫做“铁螺山房”。

“记得那时候父亲常常步行，或乘马车奔波于学校和大河埂之间。白天去联大讲课或到清华办事处公干，晚上在家写作或备课至深夜。乡居简陋，没有电灯。他曾自制一个8片玻璃条的灯罩以防夜风，在烛光下写作。一篇文章，一夜一气呵成，第二天早上，平放在他那结实的旧黄皮包中，高兴地拎着走了。这只旧黄皮包伴随他大半生，其中总放着他的手头作业，一有空隙，坐下来便读便写，日机轰炸也难影响他的效率……假期里，书房里总是孩子们的乐园。校园的东面和南面以昆明常见的带刺的白木香花作围篱，花儿盛开时清香四溢……总而言之，这间书房的环境是田园风光，即使是在战争期间，生活艰苦仍不免使人产生‘采菊东篱下’的感想。”

137号还发生过很多有意思的小插曲。当时在村子里一些军人会经常到农民家里打狗，有一次因为打狗就找到了潘光旦的房东家。这时潘光旦出来拦住，问到：“你们为什么要打狗？”那个带头的说：“是上边叫我们来打的。”潘光旦接着问：“你们的上边是谁？”回答说：“是龙大少爷。”（“龙大少爷”就是龙云的长子龙绳武）潘光旦又接着说：“好了，龙大少爷是我们熟人，龙大少奶还是我们的学生，你们都回去吧。”有个兵插嘴问：“你说跟龙大少爷是熟人，你知道龙大少爷住在什么地方？”潘光旦这时装作大怒，用手指了指，说道：“你说话小心

◆西南联大负责人与旅行团全体教职员的合影，前排右一为潘光旦

点！你知道我这条腿是怎么丢的！”领头的大概以为潘是有战功护身的高级将领，才悻悻地走了。

西南联大时期，潘光旦一家和其他教授一样经历了困难的日子。这时也有一件有趣的事情：1942年，校长梅贻琦家里有时也连青菜汤都喝不起了，只能用辣椒拌饭吃。梅夫人韩咏华想找份工作，梅贻琦不肯利用职权为妻子谋利。教务长潘光旦的夫人给她出了个主意：“咏华，你做的米糕，我们家大人孩子都喜欢吃。我看你不如到大西门卖米糕算了。”袁复礼教授的夫人也点头赞成。韩咏华沉默了半晌说：“如果不是为了抗战，我们何苦受这份罪。这糕叫定胜糕，这是个吉祥的名字。我们再在糕上写点字吧。”梅夫人的定胜糕做法是跟一位上海老太太学的。这种糕点七成大米，三成糯米，再加上白糖、豆沙，用一个银锭状的木模，把调配好的米粉装进去，蒸几分钟即可。

潘光旦（1899—1967），中国社会学家、优生学家。

三人真的做起了卖米糕的生意。袁复礼夫人总有办法搞到当时紧俏的廉价碎米，由潘光旦夫人把碎米磨成米粉，把赤豆做成豆沙，再由梅贻琦夫人亲手调制蒸熟，用红糖浆写上“一定胜利”四个字。最初她们做的米糕由西南联大总务处一位姓赵的庶务介绍到城南的冠生园寄卖。后来为了多赚点钱，夫人们便自己提着篮子到街上去叫卖。定胜糕在昆明街头销路很好。开始的时候，韩咏华不愿让别人知道她是西南联大校长的夫人，每次上街前都摘掉眼镜，脱下旗袍，换上从农民那里买来的蓝布装。可白皙的皮肤，鼻梁两侧深陷下去的眼镜凹印，还有那明显带有北方口音的昆明话，都瞒不了人。久而久之，不仅联大校园里的人，就连昆明街市上的市民，都知道了这位走街串巷卖米糕的女人正是大学校长的夫人，而定胜糕的名称也就此传开了。

潘光旦是一个天资聪颖的人，但更令人敬佩的是他的勤奋，

◆潘光旦当年曾架着拐杖从容地从楼梯上到二楼的住处

不论是在什么地方，他都可以静下心来细细研读书本。即便是在旅行间隙、开会间隙，他也常常一卷在手，怡然自乐。西南联大期间，战火纷飞，生活困苦，依然不能打断他快乐的读书和研究生活。

在昆明的日子里，潘光旦创办了《自由论坛》月刊和周刊，并亲自任编辑。从潘光旦体残后的作为就可以看出他的性格相当有坚韧性。费孝通对老师的这一点是相当了解的。

在《潘、胡译〈人类的由来〉书后》中，费孝通说："他这种韧性和他的体残不可能不存在密切的联系……他在缺陷面前从不低头，一生没有用体残作为借口而自宥；相反的，凡是别人认为一条腿的人所不能做的事，他偏要做……在西南联大期间，骑马入鸡足山访古，露宿荒野，狼嚎终夜不惧。"

 潘光旦（1899—1967），中国社会学家、优生学家。

乡土本色走云南

费孝通故居

费孝通对云南有着特殊的感情，常常把云南看作是自己的“第二故乡”。

20世纪30年代，费孝通第一次来到云南，在云南进行了很多著名的田野调查。之后，他又在50年代、70年代，一直到2000年多次来到云南，他的足迹深深地印在了这块高原上。

费孝通在云南时住在昆明呈贡县西南大古城村。

呈贡县位于滇池东岸，距昆明市区15公里。这里气候暖湿而少霜雪，是云南著名的“菜乡、花乡、果乡”。那时从呈贡到昆明，基本的交通工具就是火车。有一个笑话说的是，有人从昆明坐火车到呈贡，在车上看到地上有一棵鸡枞（云南特有的一种食用菌），他跳下去把鸡枞捡了，紧赶两步，还能爬上火车。可以想见昆明到呈贡的火车之慢。

当时，费孝通随西南联大搬到这里，就在大古城的魁阁

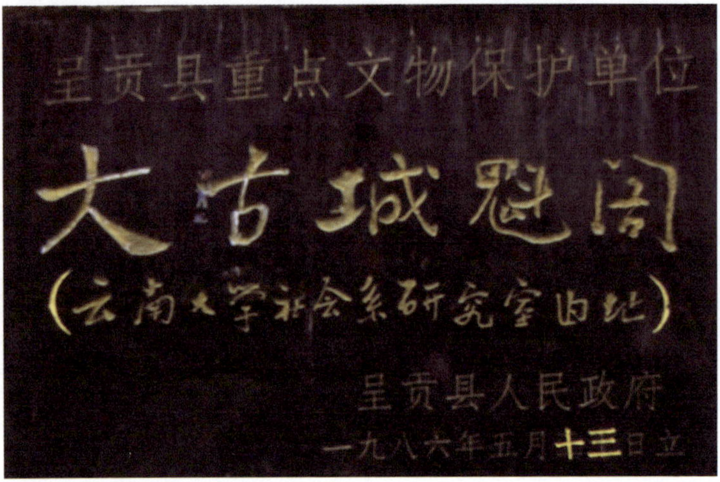

◆云大社会学系研究室纪念牌

居住。魁阁位于呈贡县城南郊大古城，始建于清嘉庆二十三年（1818），1922年重修。据说魁阁是按照当年村人赵凤兆出任陕西褒城县知事时带回的图纸建成的。

大古城魁阁是一座三重檐四角攒尖顶砖木结构的古建筑，高约19.5米，内有护栏、木梯，由木梯可登至楼顶层。魁阁高大雄伟，登高远眺，田野胜景一览无遗。大古城汉时为呈贡城，后晋天福二年（937）大理国段思平执政时，命岳侯高智升遣土官伽宗在此筑土城，故旧称“伽宗城”。元至元十二年（1275）置呈贡县于此。

1938年，费孝通完成学业后自英伦回国。当时，日寇气焰正炽，不少国土沦陷，他只得从越南的西贡登陆，复到昆明，任教于云南大学社会学系。那时费孝通得到了农民银行的资助，成立了一个小规模的研究室，研究室被附设在云南大学。

 费孝通（1910—2005），中国社会学家。

费孝通在《乡土中国》中写到："我那时的工作是帮忙年轻朋友们一起下乡调查，而且因为昆明轰炸频繁，所以在二十九年冬迁到呈贡古城村的魁星阁。这个研究室从此就得了'魁阁'这个绰号。"

今天的魁阁已被修缮一新，但魁阁前面原来的绿荷胜景却永远消失了。

在魁阁住下不久，费孝通一干人等又去禄丰搞实地调查。

费孝通后来谈到去禄丰调查的原因有二：一是实现导师——英国学者马林诺斯基之要求，在继其博士论文《江村经济》后更详尽地描绘这个"乡土中国"的长幅画卷；二是禄丰有熟人。经过一年的调查，费写成了《禄村农田》。接着，费孝通与其合作者又写成了《易（门）村手工业》和《玉（溪）村农业与商业》两文。三篇文章最终以《云南三村》为题结集出版。

◆魁阁

费孝通如此钟情于乡土的调查和研究和他的生活经历有极大关系的。费孝通出生在名人辈出、具有深厚传统文化底蕴的苏杭之地。从小就接受的严格而又规范的系统教育，为他打下了坚实的基础，也为他之后负笈英伦的求学创造了良好的条件，使他可以毫不费力地接受西方的思想。

但是与其他留学的学生不同，费孝通内心中并没有因为接受了西方的思想就完全排斥中国的文化。在很多留学生认为中国文化落后，因而不愿意回国，或者是对中国的情况不加了解就否定，甚至不讲中文的时候，费孝通仍然是对中国文化保有一种乡土情结。

在《乡土中国》一书中，费孝通从普通乡下人的土气入笔，一反常人对“土气”这个词的藐视，称赞“土”字用得精当，因为中国传统社会的小农经济依靠的正是土地。也正是因为有了土的滋养，才有了“面朝黄土背朝天”的传统农业，才有了聚村而居、与世无争的传统生活，才有了中国人生生不息的传统文化根源。乡土社会的本质不是别的，正是这种“土气”。

比如在讲到传统知识时，费孝通以自己在呈贡的生活经历作为例子：“我自己在抗战时，疏散在昆明乡下，初生的孩子，整天啼哭不定，找不到医生，只有请教房东老太太。她一听哭声就知道是牙根上生了‘假牙’，是一种寄生菌，吃奶时就会发痛，不吃奶又饿。她不慌不忙地要我们用咸菜和蓝青布去擦孩子的嘴腔。一两天果然好了。这种地方有这种病，每个孩子都发生，也因之每个母亲都知道怎样治，那是有效的经验。只要环境不变，没有新的细菌侵入，这套不必讲学理的应付方

◆费孝通与夫人和女儿

费孝通（1910—2005），中国社会学家。

◆魁阁飞檐

法，总是有效的，既有效也就不必问理由了。”费孝通通过这个浅显的例子说明了前人用来解决生活问题的方法，尽可以拿来作为自己的生活指南，越是经过前代生活中证明有效的，也就越值得保留。

在联大的日子很是辛苦，1940年10月13日，昆明的空袭警报又拉响了。日本飞机扔下的炸弹将梅贻琦校长的办公室连同旁边的一幢宿舍都震塌了。生与死对于书斋中的联大人来说，仅在咫尺之间。尽管如此，师生们依然潜心于学问。最早发现华罗庚数学天才的杨武之教授，到昆明后买了辆旧自行车。一天他将车搬上田埂骑回家，天黑得伸手不见五指，车子一头栽进水沟里，杨武之被摔得遍体鳞伤，但他仍不肯休息养病。

1940年12月的一个下午，从英国伦敦经济政治学院毕业的费孝通博士扶着即将分娩的妻子，走在回家的路上。突然几架日本飞机从他们头上掠过，扔下了炸弹。“不好，我们的家被炸了！”妻子惊叫起来，因为腹部剧痛跌倒在地。费孝通扶起痛苦挣扎的妻子，想找个干净的小屋。然而别人一看，就知道他的妻子要生产了。这儿农民的风俗是谁家的孩子在谁家生，接纳别人家的孕妇在自己家生孩子就会倒霉。费孝通扶着即将分娩的妻子，走了一家又一家，始终没有人肯接纳他们。

在此五年前，费孝通在广西大瑶山，已经失去了一个妻子，她叫王同惠，是燕京才女，和费孝通同是社会系的学生。然而他们的婚姻只维持了108天。当新婚夫妇在广西大瑶山考察时，费孝通不慎落入猎人设下的陷阱，王同惠拼命奔走呼喊。结果，费孝通获救了，王同惠却在奔走中坠入深涧身亡。

现在费孝通又急得走投无路。最后，听说县城背后的小山坡

◆魁阁门上繁复华丽的雕饰

费孝通（1910—2005），中国社会学家。

◆费孝通在云南

上住着一位广东医生，他赶紧把妻子抱到那位医生家，这时已是子夜，妻子的羊水破了已经两个多小时了。医生同意他们在自己的诊室里把孩子生下来，但他十分遗憾地说，他是一名牙医，对生孩子的事一窍不通。

费孝通的女儿是在凌晨的寒风中降临人世的。那一夜，费孝通憔悴了许多。日寇的飞机就在那夜炸毁了他所有的家产，已身无分文的他用自己唯一的一件西装，裹着初生的女儿，告别了广东牙医。后来农民们给他送来了一件件小衣小褂，给孩子御寒。他们真心诚意地对费孝通说："穿百家衣长大的孩子，今后长得巴实。"

女儿的出生，真正让费孝通扎根乡土了。

香气弥散的三居室

梁思成、林徽因故居

寻找梁思成、林徽因故居同样费了一番周折，当地人大多不知道哪里是“顾家花园”，或者只知“花园”，或者知道的只是“李家花园”。这让我尤其纳闷，难道这里还有几个花园不成?

找到刘风堂老人，这个谜底自然也就揭开了，原来当年梁思成、林徽因夫妇借住的地方属于龙泉镇棕皮营里一李姓富户的。主人应该是叫李荫村，据说曾在昆明市的私立求实中学教过国文。李荫村的儿子后来在北京的外文出版社工作。1980年初，花园还给了李家，因本村无其他人，就由其女婿代看，女婿姓顾，大概“顾家花园”一说也就从此而来。这是梁思成、林徽因夫妇唯一为自己设计并居住的房子。

旧居已经经过修葺，所有的布局全部按照当年的样子进行，砖和瓦都是原来的模样。

屋内有壁炉，据说后来梁思成的儿子梁从诫探寻昔日旧居时，

梁思成（1901—1972），中国建筑学家。

◆按照原貌修葺中的窗户

看到此处壁炉，立刻毫不犹豫地认定这就是当年的旧居，因为这样设计的房子在当时的棕皮营除了梁家，别的地方是决不可能出现此种东西的。这所房子不像其他中国的老式房子，最大特点就是门和窗户特别多，开得又宽大，因而整座房子的采光非常好。整个房子连上佣人房一共是7间房，共有11扇门。最大的一扇窗户在客厅，大约长1.9米，宽1.3米，几乎是普通窗户的四扇之多。

一进花园的大门，就可以看到各种植物，大多是盆景，花的种类也是多种多样。右侧就是旧居的所在，左边则是一片水塘，水塘边有一口水井，当年梁思成一家就是在这里取水的。在平瓦房的西侧，有一间小小的耳房，紧紧挨着房子的主客厅，这是当年金岳霖到了昆明，梁思成、林徽因为他专门建盖的。

◆梁思成、林徽因夫妇

围绕这间小小的房间，各种有趣的说法都出现了。我们不能推知当年发生在三人之间的故事，但房屋却静静地立在这里诉说着历史和人事的变迁。每间房间的功能划分都非常清楚，有主客厅，客厅中还装了一个壁炉，这样的做法大概与两人出洋留学的背景有关系吧。还有一间是主人卧室，另外就是他们的儿子和女儿住的房间。在大平瓦房的后面，有更小一些的房间，这是家中佣人住的地方，同时也是整个家庭的厨房和柴房。在东边靠墙的地方修有一个小小的厕所，现在依然使用着。

因为龙头村面向昆明城南，背靠以五老峰为主峰的群山，左右有盘龙、金汁两条河，河水向南流入滇池，所以梁思成认为这应该是一块“风水宝地”。当然，这个村庄更大的意义在于，在1938年至1941年间，中国建筑学术界的先驱们曾经在这个村庄里停留过。

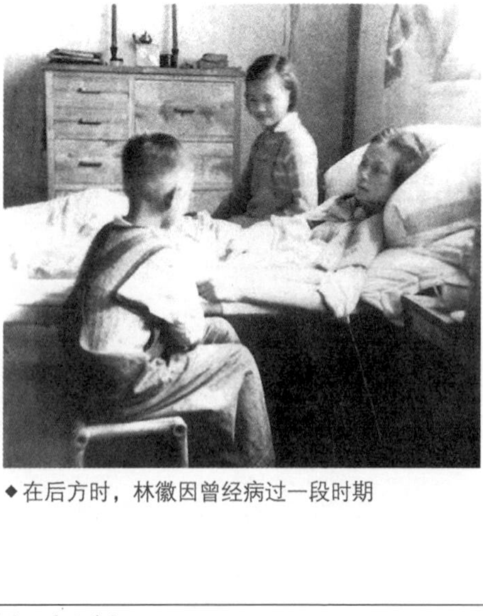
◆在后方时，林徽因曾经病过一段时期

林徽因（1904—1955），中国女作家、建筑学家。

◆曾苦恋林徽因的金岳霖

1940年春天，梁思成从四川回来以前，在林徽因的监督下，他们共同设计的三间房的住宅完工了。距离城市这么远，他们希望能避开轰炸。建盖这座房屋花费了他们认为能够支付得起的双倍价钱。后来林徽因在回忆录中写到，“现在我们已经完全破产，感到比任何时候都惨。米价已涨到一百块钱一袋——我们来的时候是三块四——其他所有的东西涨幅差不多一样。今年我们做的事没有一件是轻松的。我在告诉你们我们在做什么和我们的境况如何时真不好意思。思成到四川去已经五个月了。我一直病得很厉害，到现在还没有好”。“尽管我们常常寄去的支票并不是直接有用，因为这个家庭所需要的东西实际上是无法得到的，但有一个例外，那就是付清三个房间的住宅建筑费。我们寄去的支票1940年9月间寄到，碰巧解决了问题”。

当时费正清看到这所房子，很兴奋的认为它漂亮极了：“本地的土坯墙和瓦房顶，内部是轻质的木结构和粉白的石灰墙。后面则是在桉树丛中漂亮的小花园。”

林徽因对这里很满意，因为周围风景还不错，没有军事目标。房子坐落在村外边，处在一片空旷地的边缘，紧靠着高高的堤坝，堤坝上边长着一排高高的笔直的松树，就跟古画里的一样。优美的环境和宜人的气候在她的心中立即引起了反应。林徽因在回忆录中写到："这时候的天气已转凉爽，在越来越强的秋天泛光照射下，风景真是美极了。空气中到处散发着香气，而野花使人回想起千千万万种久已忘怀了的美妙感觉。随便一个早上或下午，太阳都会从一个奇怪的角度悄然射入，它们在一个混乱和灾难的世界中仍然具有受了创伤的对平静和美的意识。可是战争，特别是我们的抗日战争，仍然是君临一切，贴近我们的身体和心志。"

当时在这里建盖房子的并不只林徽因一家，但因为他们的房子是最后盖的，结果他们就只好为了所需要的每一块木板、每一块砖头和每一颗钉子而奋斗，还得参加运送材料活动和实际的木匠活、石匠活。

对于这所房子，林徽因在文章中写到："并不是没有美丽或使人高兴的地方。我们很喜欢它，甚至为它感到骄傲。"

◆兴国庵，林徽因一家也曾经在寺里居住过

梁思成（1901—1972），中国建筑学家。

◆当年营造学社在兴国庵的工作室

刘风堂老人说自己曾经见到过林徽因。而林徽因到棕皮营在当年显然就是一个大新闻，因为那时的村里人虽然不知道她的来头，但是都知道“村里来了一个大美人”。

紧邻的瓦窑村以烧制陶土为生，瓦窑村的意思就是“烧窑的地方”，据说烧窑的传统相沿已久。邻村的制陶活动吸引了林徽因。据说她常常会到作坊里看师傅做陶坯，一看就是几个小时，“然后沿着长得高高的桉树的长堤，在黄昏中慢慢回家”。刘风堂老人告诉我，林徽因特别喜欢看工艺精湛的师傅制陶，据说那时来了一个建水的老师傅（建水是云南省有名的历史文化名城，素有“文献名邦”之称），这个建水师傅的手艺高超，做的陶泥和别人不一样，他还会做花拼，这一切都异常吸引着林徽因。

梁思成一家到李家花园之前，还在司家营的兴国庵住过一段时间。

◆兴国庵外观

兴国庵在龙泉镇北郊的麦地村，建于清朝康熙年间，至今已然有三千多年的历史了。1939—1940年，中国营造学社曾经在这里落脚了两年。现在的庵门上写着“兴国禅林”四个大字。梁思成等人到这里时，这里已经没有尼姑了，只是遗址还保存着。如今唯一还留守在寺中的师傅叫崇善，她打开年久失修的大雄宝殿给我看，心疼地说外面的墙体已经裂开了一条大缝，不修已经快不行了。

兴国庵当年是梁思成夫妇生活、教学的地方，在侧边的娘娘殿内，他们在佛像下的几块石头上很简陋的搭放了一张木板，这就成了一个简易的教学和工作台。梁思成夫妇住在一边，而对面的几间房就是学生的住处。后来因为学生多了没有办法再住，梁思成夫妇才搬到了棕皮营的旧居内。

 林徽因（1904—1955），中国女作家、建筑学家。

第四章

大地之子同怀抱

植物园内两大家

严济慈、蔡希陶故居

物理学家严济慈、植物学家蔡希陶的旧居位于今天昆明植物研究所内。

植物研究所在昆明市北郊黑龙潭风景区，现在已经被开辟为旅游观光点。其前身是成立于1938年的云南省农林植物研究所，1950年由中科院接管至今。

植物园内植物种类繁多，环境清幽，特别是严济慈、蔡希陶故居所在的片区是一片让人流连忘返的植物园区。游人既可以识遍各种植物，也可以瞻仰科学家的故居和纪念碑。

沿着公园内的小路一直穿行，到了靠近公园围墙的最边沿处，就可以看到故居了。旧居已经经过翻修，房前立着“严济慈、蔡希陶旧居”的石碑，掩映在树木之下的旧居幽静、安然地存在着。距离故居不远处的大草坪上，还立有蔡希陶的纪念碑，碑面题有“献身科学”几个大字。再往前走一段路，可以看到蔡

严济慈（1900—1996），中国著名物理学家、教育家。

希陶墓，静静地立在他钟爱一生的植物之旁。

两位科学家研究的领域毫不相干，却因为植物园的故居联系在了一起。

八年抗战间，严济慈率北平研究院物理研究所到昆明，继续科学研究并为抗战前线制造生产了大批军工用品。他们先住在黑龙潭的道观里，后在黑龙潭旁征地建盖了生产生活用房。

早年的严济慈留洋学习，1923年，应商务印书馆王云五的邀请，严济慈出版了《初中算术》和《几何证题法》两本书，用

◆蔡希陶纪念碑

他的稿费及岳父、导师们的资助，第一次到法国留学。1924年他进了巴黎大学物理系，仅一年时间便考取了巴黎大学三张文凭获得硕士学位，深为巴黎大学的教授所器重。著名的物理学家夏尔·法布里即是其中一位。1927年新当选的法国科学院院士夏尔·法布里在法国科学院例会上宣读严济慈的博士论文。宣读中国人的论文，这在法国科学院例会上是破天荒的。同年6月，严济慈顺利通过论文答辩，成为第一个获得法国国家科学博士的中国人。

1927年他从地中海乘船回国，在船上结识了著名画家徐悲鸿。徐悲鸿提出要为他画一副像，并作法文题名为“科学之光”。这幅画后来一直挂在严老的书房内。

◆曾经无人看管的故居

蔡希陶（1910—1981），中国植物学家。

1928年，严济慈获得中华教育文化基金会甲种补助金，和妻子再次出国。这一次出国严济慈抱有更远大的理想，在校友欢送会上，他说："这次去希望更能充实自己。我这次出国是替我儿子出去，要使科学研究在中国土地上生根，等到我儿子这一辈，中国科学水平提高了，他们就用不着出去了。"

◆蔡希陶

1958年，严济慈受郭沫若院士的委托，创办了中国科学技术大学，并兼课6年之久，听课学生挤满了科技大学的礼堂。科技大学很快成为我国第一流大学。1978年，他又为中国科学院和科技大学在北京兼课10年之久。

从1980年起，李政道教授与严济慈教授合作组织（CUSPEA），在国内招考与物理有关的专业大学毕业生赴美进修，到1990年，共招了10次，有近千名学生分布在美国72个大学从事研究工作，成绩甚为优异。

抗战胜利后，严济慈一家北返，他居住的一幢平房由昆明植物所的蔡希陶等人居住。

蔡希陶是一个具有传奇色彩的人。1932年，蔡希陶来到云南，用3年时间深入云南大凉山、屏边等地考察，采集植物标本1万多份。他成功引种、选育名贵烤烟"大金元"。

◆蔡希陶墓冢

中华人民共和国成立后，他致力于发展烤烟品种，使烤烟生产成为云南省的经济支柱。蔡希陶毕生研究植物资源、植物分类，提出在特定地段上，人为安排符合人类要求的木本和草本的各种组合。这奠定了中国人工植物实验群落学的根基。他著有植物学研究论文20多篇，译有《系统植物分类》、《农林植物考源》等。

1930年，蔡希陶在上海读书的时候，因为参与学潮引起了警方的注意，为了躲避搜捕，他在姐姐和姐夫陈望道的安排下去了北平。

严济慈（1900—1996），中国著名物理学家、教育家。

一个很偶然的机会，他进了胡先骕先生的静生生物调查所工作。因为他是一个很严谨的人，做什么事情就一定要把它做好，胡先生甚为赏识他，于是就收他做了学生。也就是从这个时候起，蔡希陶才知道中国的植物资源居然这样丰富。胡先生在讲到植物的研究时提到一句话，世界植物，中国最多，而中国植物资源最丰富的就在云南。这句话深深地印在了蔡希陶的脑子里，于是他马上就向导师提出了去云南的申请。胡先生深深为他的精神所感动，于是就以北平静生生物调查所所长的身份致函教育部，请求给予办理并且协助蔡希陶的工作。胡先生还专门给龙云写了一封信，希望给予蔡希陶帮助。所幸他得到的答复都是非常令人满意的。

可是，蔡希陶在招聘助手时却遇到了难题。当时很多人都觉得云南很神秘，认为去云南就是拿自己的性命开玩笑。当时有200多个报名者，最后选定了4个素质比较好的学生，但是一听说是到云南，他们头也不回就离开了。没有助手，一个人也要到云南。蔡希陶没有停住脚步，1932年，他背起行李，毅然踏上去云南的路，这一年他还不满21岁。

蔡希陶在昆明调查期间，名正言顺地打起了北平静生生物调查所云南生物调查团的旗号，先后组织了三次较大规模的调查，足迹遍布云南境内几十个县、区，共采集了十几万份植物标本，初步揭开了云南植物王国的面纱。1934年，他将丰硕的成果带回了北平。

抗战胜利以后，迁滇的机关陆续开始撤离云南，科研人员也逐渐离开。摆在蔡希陶面前的有两条路：一是回北平，二是继续留在云南。最终他选择了后者，因为他不能离开自己钟爱的事业。

这时候由于国统区民生凋敝，物价飞涨，农林所经费日益紧张，不仅正常的研究工作没有办法开展，就连全所十几号人的吃饭以及数万份植物标本的防护都成了问题。这时候蔡希陶想了一个办法，带领全所的职工办农场，在农场里种植蔬菜，养花、鸟，然后在市区的福照街（也就是今天的五一路）租了一间铺面开了一家“鹦鹉商店”，出售所养的花鸟虫鱼以维持生计。最困难的时期，蔡夫人向仲曾经变卖自己的金银首饰，供农林所买杀虫药剂保护标本和图书。

在这段艰难岁月中，研究所得以勉强维持了下来，蔡希陶也可以在研究所里继续他的研究了。

蔡希陶（1910—1981），中国植物学家。

滇池淼淼，万山为襟

熊庆来故居

熊庆来故居和李广田故居都位于云南大学同一所房子里。云大校园内环境清幽，有很多著名的历史文化遗迹，像云南第一天文台、古代遗留的科举会试考棚、林则徐蜡像等等，形成了云大文物群。这些都使得云大这所云南最高学府更多了一些深厚的底蕴。

云南大学校园熊庆来故居内有一幅照片，是熊庆来和他夫人的合影。我们都知道熊庆来是一位有名的数学家，但却很少有人知道他也是一个至情至真的性情中人。

20世纪20年代每一个初秋，清华园西院的主人熊庆来都要向花房订上十几盆菊花放在石阶两旁，为的是取悦太太，因为太太的名字是“菊缘”。他们出生在同一年的同一个月份。

熊庆来是土生土长的云南人，1893年9月11日出生于云南省弥勒县朋普镇息宰村。父亲熊国栋在清朝末年先后任过巧家和赵州县主管教育的儒学教员。离县城一百华里的息宰，是一个只有七八十户人家的偏僻山村。熊庆来的启蒙教育就是在这里完成的。

熊庆来自幼就勤奋好学。三更灯火，五更鸡鸣，靠着昼夜苦读，他念完了“四书”、“五经”。

1907年，他秉承父母之命，与教师之女姜菊缘结婚。按旧风俗，婚礼上新娘向新郎叩头后，新郎要跨一下新娘的头。但是，熊庆来非但不跨，反向新娘作一揖。亲友们为之频频称道。婚后不满一月，酷爱学习的熊庆来就到昆明读书求学去了。息宰到昆明路程四百华里，不仅要跋山涉水，还得时时提防盗贼抢劫。熊庆来克服重重困难，到了昆明，考入云南方言学堂，

熊庆来（1893—1969），中国数学家。

◆保存较好的熊庆来故居

◆1939年，熊庆来（前中）与云南大学算学系第一班毕业生合影

学习新知识。方言学堂后改名为云南高等学堂预料。两年后，熊庆来升入高等学堂本科。1911年，他考入云南英法文专修学校，学习法语。不到一年，他便可以流畅地同法籍教师对话了。

1921年熊庆来从法国留学归来。半年后，他受校长郭秉文之聘，从云南来到东南大学创办数学系，同时是南京高等师范学校的教授。郭秉文的雄心壮志是引进近代科学，建立新式大学。他将熊庆来聘至东大，就是为创建一个不同于以往“算学系”的，能与欧美大学数学系“说得上话”的数学系。

正是在这里，熊庆来把近代数学引进国内，聚集了高鲁、段调元、钱宝琮、杨武之(杨振宁之父)等老一辈数学家，大大推进了数学学科在中国的发展。熊庆来被公认为是中国近代数学的先驱。

曾任清华大学理学院院长的叶企孙曾经说过“没有东大，便没有清华”，因为清华在改建大学的过程中，最早一批数学、物

熊庆来（1893—1969），中国数学家。

理等学科的当家教授，如熊庆来、叶企孙、吴有训、杨武之等，便是由东大调过去的；清华的一些青年骨干教师，如后来当选为中国科学院院士的赵忠尧、施汝为、陆学善等人，也均是从东大毕业后即到清华任教的。

追根溯源，似乎可以这样说，如果没有熊庆来引进近代数学，便没有声名鹊起的东大数学系；如果没有东大数学系提供舞台，熊庆来可能也很难施展其数学才华。所以，后来每当提及此事，熊庆来都会动情地说，郭秉文当年曾经给了他“三个意外”：第一，他在云南意外地收到了南京的聘书；第二，他原以为来了至多也不过做一个讲师，却意外地被聘为教授；第三，对于他这样一个刚刚回国、未及“而立”的年轻人，如果说做教授

◆故居正面

◆故居一楼内陈设着一些试验用品和器具

还不是绝无仅有的话，那么担任国立大学的系主任可能真的是前无古人了。熊庆来后来因发现了华罗庚等人而被赞誉为我国数学界的“伯乐”，其实他本人就是被另一位伯乐——郭秉文当作“千里马”来量才重用的。

1937年应云南省政府之请，熊庆来回到阔别十六年的家乡，担任云南大学校长。云大正门有著名的95级台阶，登上最高的台阶可以看到典型的法式建筑会泽院，会泽院的侧面就是今天熊庆来的故居。熊庆来在云南大学的日子里就在这里生活和工作。

初到学校，他就与云南省主席龙云约法三章：校务行政省政府不加干予；校长有招聘、解聘教职员之权；学生入学须经考试录取，不能凭条子介绍。龙云均表示同意。

当时云南的经济、文化都极为落后，办学条件万分艰苦。然而，熊庆来一心要“把云大办成小清华”，并于1938年7月争取到

熊庆来（1893—1969），中国数学家。

将云南大学从省立改为国立。

熊庆来认为办好学校的首要关键是精选教师。他凭借自己在学术界的声望，延请了许多知名学者到云大任教。人们称赞他“有蔡元培兼收并容的风度”。当时云大师资阵容之强大，毫不逊色于一些老牌大学。他信任人，也善于用人。他给予各学院院长和系主任在很多问题上的自决权，尊重他们的决定。只要拿得出成绩，他总是放手让他们干。

他没有校长的架子，一贯平易近人，和蔼可亲，关心别人。逢年过节，他常把单身教员请到家里吃饭。熊庆来家中有架钢琴，他常常会邀请学生到家中弹奏钢琴。至今，这架钢琴还保留在故居中，琴架上翻开的乐谱或许正是先生当年最喜爱的乐章吧。

身为大学校长，熊庆来自己的生活很节俭，全家的衣食住行都以俭朴为旨。在公务辛劳之余，熊庆来的妻子还在住处附近种瓜种菜，以品尝自己的劳动果实为至乐。

熊庆来勤俭办学，事必躬亲。为了聘到好的教授，他提出给外省来的教授以高薪，他自己和云南籍教员，则只领取规定的工资。在他的表率作用和严格要求下，学校机构精干，工作效率颇高。注册组、庶务组人少事杂，却把诸事管理得井井有条，并以热情周到的接待让新来的教师感觉到云大“是个可以安身立业的地方”。

熊庆来还强调要树立好的校纪校风。他认为必须对学生严格要求，杜绝考试作弊，课堂教学、实验、习题等环节一环都不能放松。如此严格要求的结果，使云大毕业生的质量可与一些老牌大学媲美。

云南大学校歌中写到："滇池淼淼，万山为襟。"这是熊庆来亲自作词的，歌词言情抒志，气魄宏大，能激发学生励志求知的激情，也体现了他的办学思想。

熊庆来还很重视中学教育，他创办了云大附中并十分注意教学质量。他认为，要办好大学，必须办好中学。在他的重视和附中校长杨春洲等人的辛勤努力下，附中办得很有质量，很有特色。

熊庆来对学生的培养是他的一大特点。早在1921年，他在东南大学(南京大学前身)当教授时，发现一个叫刘光的学生很有才华，便经常指点他读书、研究。后来他又和一位教过刘光的教授，共同资助家境贫寒的刘光出国深造，并且按时给他寄生活费。有一次，熊庆来甚至卖掉自己身上穿的皮袍子，给刘光寄钱。刘光成为著名的物理学家后，经常满怀深情地提起这段往事，他说："教授为我卖皮袍子的事，十年之后才听到，当时，我感动得热泪盈眶。这件事对我是刻骨铭心的，永生不能忘怀。他对我们这一代多么关心，付出了多么巨大的热情和挚爱呀!"

1930年，他在清华大学当数学系主任时，从学术杂志上发现了华罗庚的名字，了解到华罗庚的自学经历和数学才华以后，毅然打破常规，请只有初中文化程度的19岁的华罗庚到清华大学。在熊庆来的培养下，华罗庚后来成为著名的数学家，我国许多著名的科学家都是他的学生。在70多岁高龄时，熊庆来虽已半身不遂，还抱病指导两个研究生，他们就是青年数学家杨乐和张广厚。

 熊庆来（1893—1969），中国数学家。

骑马上课“周大将军”

周培源故居

寻找周培源的故居是件颇有些困难的事情。如果有充裕的时间，可以乘坐公共汽车到黄土坡，然后再转中巴车到碧鸡镇政府，也就是西山脚下，再往西走三四公里就到了龙门村。很多喜欢登西山看日出的人都会选择从这里上山。

周培源故居当时应该是一幢颇有规模的建筑。20世纪30年代，这所公寓曾经做过公路医院。旧居主要是土墙和木结构建成的5间楼房，其中有很多方形的石柱和石砌的拱形门窗，属于典型的欧式风格。房屋正屋邻檐有4根青石砌成的石柱，廊前原来有由8个石墩组成的一排石廊，廊上原来雕刻有狮子的图案，但是现在已经荡然无存了。

1937年夏，周培源结束了为期一年的休假，从美国回国。一家人还没有安顿下来，“七七事变”就爆发了。他那时是清华教授会秘书，就协助梅贻琦校长安排并护送一些老教授从北平到天

◆周培源故居所在的龙门村

津，又从天津几经周折到了长沙，在长沙没待多久又西迁昆明。周培源就是在这个时候迁到了昆明西郊。

当时周培源夫妇带着两个年幼的女儿，经粤汉路至广州，取道香港达越南海防，再经滇越路辗转进入云南来到昆明。一路上火车停停走走，竟用了将近一个月的时间。

到了昆明后，周培源一家先住在大观楼附近。1938年9月28日起，日本飞机开始轰炸昆明。周培源一家便搬到西山龙门脚下滇池边一个叫山邑村（即今天的龙门村）的地方，租了房子住下。

山邑村位于滇池西岸，是一个依山傍水、风景秀丽的小村庄。村子的南边临水处，有一座龙王庙，附近的渔民经常前来敬香，很多人也把这个村子就叫做龙王庙村。我踏访周培源故居那天，还有很多当地的村民在烧香拜佛。

周培源（1903—1993），中国物理学家、教育家、社会活动家。

村后是西山罗汉崖的悬崖绝壁。据说清代有70多户石工，花了22年的时间，从三清阁建筑群后面的慈云洞开始，在绝壁上开凿了40米通道，雕凿了龙门石窟。整个工程构思奇巧，工艺精湛，令人叹为观止。西山龙门工程竣工后，登龙门的千级石阶起于此，山邑村成了登龙门的起点。

当时西南联大的校舍在城西北，山邑村距离昆明城大约有10多公里的路程，而周教授的住处却在城外西南郊的一个小山村里，陆路相距19公里，走水路则要三个半小时。于是周培源就买了一匹马，以马代步，把马取名“华龙”。

◆ 周培源故居外的水塘，这个水塘是“三塘水”的形式，饮用水和洗用之水是分开的

◆1938年，周培源、梁思成、陈岳孙、林徽因、金岳霖、吴有训（从左到右）在昆明西山的合影

2005年在不改变原貌的基础上对周培源故居进行了修缮，2011年1月17日故居被昆明市人民政府列为第五批市级文物保护单位。周培源每次上课都是骑着马去的，非常的神气。每逢上课，他五点多钟就得起床喂马，刷马，备鞍，送两个女儿上学，然后再骑马赶到学校上课。

周培源骑马到学校后先牵马遛汗，再进教室上课。上课时，周培源就把“华龙”拴在教室门外，因此联大的学生没有不认识“华龙”的。教授骑马上课，讲授现代科学，这也是抗日战争时期的一道风景线。物理系主任饶毓泰戏称周培源是“周大将军”。

但是因为这匹马是云南本地永胜的永北马，长于负重运输而不善乘骑。周培源买来后，费了很大劲加以调教，才把它训练到可以骑行。因为骑马，还发生了一些惊险的事情。一次马被车惊，他从马背上摔了下来，一只脚挂在脚蹬子上，被拖着跑了长长一段路，幸遇一位农民把马拦住，才幸免于难。还有一次，周培源在学校办事，回家时天已很黑了，俗话说“老马识途”，可

周培源（1903—1993），中国物理学家、教育家、社会活动家。

这匹马偏偏是“迷途”的高手，载着周培源到处乱跑，以致连人带马一起摔到一条沟里去了。在特殊岁月里，为了抗日、为了培养人才、为了科研、为了子女，周培源甘冒这样的风险。他风雨无阻，按时到校上课。直到两年多后，高桥到海口的简易公路修通，从山邑村后经过，他才买了一辆自行车，骑车往返。

1938年4月底到1942年12月，周培源全家一直居住在这里。周培源沉潜于湍流理论的研究，整日把自己关在一间小楼上，甚至与来访的好友达成默契：来去随意，不必应酬接待。1940年周培源在国际上第一次提出需要研究湍流脉动方程的论文，就是在这座小楼里“诞生”的，发表于该年的《物理学报》上。也就是这篇文章奠定了湍流模式理论的基础，是他一生中发表的最重要的论文之一。

在昆明的几年中，周培源一家的生活极其清苦，这是他们一生中最艰苦的日子。

周培源的夫人王蒂澄有北方人的性格，大气、洒脱，又有江南女子的清秀、雅丽和灵性。1932年，两人喜结连理，成为清华园里令人羡慕的才子佳人。

在山邑村，他们的第三个女儿出生，可爱的女儿给家庭带来了欢乐与甜蜜，但也给本来就艰难的生活增添了更多辛劳。受过高等教育的王蒂澄承担着繁重的家务，除了照管三个女儿，她还在庭院里养了一些鸡，在门前的小水池里养上了鱼。每天，哄小女儿在摇篮里睡着后，就要赶着喂鸡喂鱼，或在家门前的滇池里洗衣服、洗菜，接着马上又要忙着烧火做饭。客人来了，还要张罗酒菜。

◆周培源故居外围

山邑村的生活虽然艰苦，但是村子周边的风景如画，每天还可以听到滇池水拍打岸边的声音，所以，这时的生活在孩子们眼里充满了甜蜜和快乐。当然，吃不饱肚子的事也是常有的。大女儿如枚常带着二女儿如雁把“华龙”的马豆子，拿到外头挖个坑烧着吃，一是淘气，二也是因为嘴馋。那时，偶尔能买到些柑橘，挤出的汁给最小的三女儿喝，大女儿、二女儿只能吃剩下的渣子，她们最盼母亲挤，因为母亲手轻可以给她们剩得多些。

周培源夫妇离开山邑村之后，这4年多难忘的岁月总是他家中经常提及的话题。他们的四女儿周如苹出生于1948年，这已经是离开山邑村5年以后的事，但是，周如苹对山邑村的生活情景了如指掌。她说：“父亲母亲常常怀念云南的生活，这一段日子是他

周培源（1903—1993），中国物理学家、教育家、社会活动家。

们一生中特别重要的一部分，也是全家与昆明人共患难的日子，为此对昆明有着特殊的情感，以致母亲曾多次表示，在她身后要睡在滇池中。在家里姐姐们常用昆明话交谈，大姐如枚曾炫耀自己讲的‘马街话’特地道，她和二姐如雁对唱云南花灯剧说绝对正宗，谈起鸡纵、饵丝、过桥米线真是馋得人直流口水，讲起她们小时候的故事绘声绘色，我特别爱听，一切对我来说都非常新奇，有一种神秘感。因此对昆明总是有一种说不出来的感觉，特别亲切。”

西山和滇池边不仅对孩子是诱惑，那旖旎的风光，更是吸引着众多南迁的学者们。

抗战前六七年，金岳霖一直住在北京东城北总布胡同一小院里。他经常于星期六下午约请朋友来家中茶叙。久而久之，这成了一个惯例。后来，这种有点“文化沙龙”的聚会转到隔壁的梁思成、林徽因家。常来参加这聚会的有周培源夫妇、张奚若夫妇、陶孟和夫妇、钱端升夫妇、费正清夫妇以及陈岱孙、金岳霖、叶公超、常书鸿等人。他们这种聚会没有什么特定的目的，话题大多是中外文学、艺术名家名著和鉴赏讨论自己的作品，也不时议论时局。由于林徽因十分健谈，她往往成为聚会的主角。这一聚会就有了一个名称：“太太的客厅”，在京城很有点名气。

抗日战争时期，这批人大多又不约而同齐聚昆明。聚会地点自然就转移到了西山脚下风光明媚的山邑村。周培源家的房子有着宽展的前廊，方型石柱以及石砌的拱型门窗，具有浓厚的欧美风味。房前屋后，绿树成荫，庭院中有水池，庭院前便是清波荡漾的滇池。因此，这样的美景，让每个周末的小院都变得热闹非凡。梁思成、林徽因、陈岱孙、金岳霖、张奚若、任之恭、吴有训、李继侗等老朋友到此相聚，沈同、陈福田、陈省身、邵循正等联大教授也不时来访。谈到夜深，无法回家，于是大家聚在这里，楼上楼下的房子，地上床上经常是睡得满满的。

战争使他们从京城来到边远的小渔村，话题恐怕不仅仅是谈诗论文了，更多的是战局、灾难、生活、工作等现实问题。只不过，“他乡遇故知”，携妻带子，更增加了浓浓的亲情。孩子们对父母亲的朋友们都视如亲人，孩子们之间称呼对方的父母均为“某爸”，“某姨”。

现在站在故居前面，心下不禁很是感慨，旧日的场景不能再重现，只盼老房子能够继续保留下去。

周培源（1903—1993），中国物理学家、教育家、社会活动家。

第五章

骊歌一片绕故园

坐拥书城兴未慵

袁嘉谷故居

云南地方史上有一个不可多得的文化名人——袁嘉谷。在1903年清廷举行的中国最后一次正式科举考试中，金榜题名的有三位云南名士，其中以袁嘉谷衣着最为朴素。同年他考取经济特科一等第一名，名魁天下，人称“经济特元”，又称“云南独一无二的状元”。自此，省城聚奎楼改名“状元楼”，楼前悬挂总督魏光焘榜书的“大魁天下”匾。

在此前十年，由于云南士子没有夺过全国科举的前列名次，云南教育界、商界诸公一直耿耿于怀。当时云南的最高学府——五华书院可谓是英才济济，但怎样才能圆这个云南人的状元梦呢？笃信风水的大人物们发现：昆明作为云南省会，虽然龙气旺盛，但是就五行而论，土、金、水、火四星很端正显明，只有东方木星为倒地木，所以不能出科举鼎甲之士，必须化解一番。

于是，光绪十八年（1892），一些热心人士就在昆明城东边

袁嘉谷（1872—1937），云南文化名人。

◆同年金榜题名的三位云南名士，右为袁嘉谷

的相公堤上集资修了一座聚魁楼，来补五星风水。这时候，五华书院里有个秀才，名叫袁嘉谷，字树五，又字澍圃，云南石屏人。他也参加了这个集资建楼的活动，只是他家境贫寒，只拿得出5钱银子。楼建好后，把捐资建楼的人名刻碑，袁嘉谷因为捐得最少，被列在最后一名。五华书院山长在这块碑上写道："昔之才人文士，不能大魁天下者，以五星不聚也。斯楼成，魁星聚，则有望于此后之人。"

十年后，云南终于出了个状元，这时才有人恍然大悟"此后之人"暗合那块碑上刻名的最后一个人——袁嘉谷！

虽然这样的说法难免有些牵强，但却充分说明了当时云南人期盼状元的心态。

今天在昆明翠湖北路5号完整的保留了袁嘉谷的故居。故居为中式瓦房小楼，中间是一个四合院的天井，宽敞明亮。故居的正南面为三层楼，其他面均是两层楼。红色斑驳的木质建筑诉说着历史的凝重。

寻访袁嘉谷的故居可以说是一件非常容易的事情，可以借着游览翠湖的机会找到故居。云南大学在2006年对旧居进行了一次维修，其产权一直都属于云大所有。现在，一家名为“嘉宴”的餐厅入驻状元故居。

袁嘉谷一生置身书斋，自得其乐。这种乐趣来自于他从小遍读“四书”、“五经”，来自于成年后的潜心钻研和教学。

“梅花香自苦寒来”，袁自幼刻苦勤学。5岁从父读《千字文》、《三字经》，6岁读完“四书”，7岁随长兄嘉乐读经史，随仲兄嘉谟学诗赋、联语，12岁随叔兄嘉猷学书法、作文，13岁从学于彭文杰举人。

袁从少年时代起，就深受志取功名思想的熏陶，立志“要读尽天下有字书”。他好学不倦，置身书斋，便觉其乐无穷。他的

◆袁嘉谷旧居的外观

袁嘉谷（1872—1937），云南文化名人。

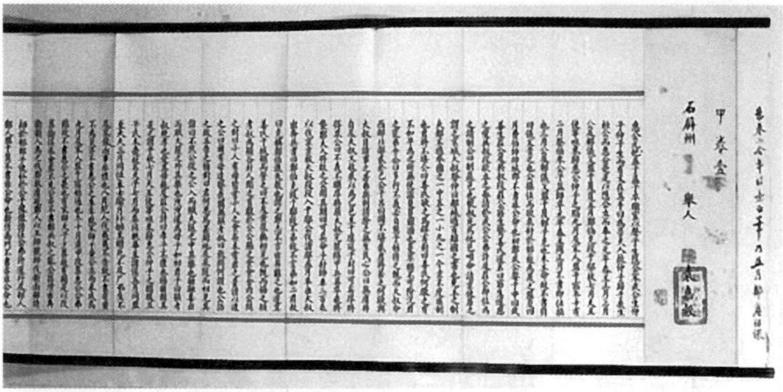

◆袁嘉谷得中状元的试卷

"读书乐"律诗首尾联正是对少年刻苦攻读的写实："恒于勤苦见从容，坐拥书城兴未慵"，"夜半高楼谁是友，诸天寺里一声钟"。由于他"恒于勤苦"，应试屡夺榜首。他以高材生选入经正书院，从学于许印芳、陈荣昌等，光绪二十九年（1903）名魁天下。

袁嘉谷的试卷在今天已成为珍贵的历史文物。试卷共有两幅，每幅长约1.6米，宽40厘米，经后人装裱过，纸张陈旧但规整，外包有自制的锦帛封套，内侧盖有印章数枚。试卷卷面的题名是《桓宽言：外国之物内流而利不外泄，则国用饶，民用给；今欲异物内流，而利不外泄，其道何由策》。全卷约3000字，每个字都是大拇指头大小，均为当时科试必书的"馆阁体"，书写工整，字体俊秀，如同字帖。卷尾部还有张之洞、荣协揆庆等8位考官的批语，其中张之洞的批语是"精博和厚，似姚秋农，一流文字"。另外当时的会试大总裁孙家鼐的评语是"弁冕群英，足添玉堂佳华"。还有一句为"奉上谕取袁嘉谷为一等第一名"。

◆袁嘉谷故居正门

辛亥革命后，袁嘉谷回到昆明，任云南都督蔡锷的参议等职。当时一帮清朝遗老以自尽来表示对封建王朝的忠心，袁嘉谷的岳父也自杀了。袁嘉谷道："人各行其心之所安。"他的志趣不在为官，而将自己的主要精力用在了学术研究和文化教育之上，编写了许多学术著作，在史学、文学和书法等方面都取得了显著的成就。

1921年，袁嘉谷被聘为云南图书馆馆长，开始著述、整理云南历史文献。在他的挖掘和鉴定下，昆阳的《马哈只碑》被发现，他第一次考证出了明代七下西洋的郑和的籍贯故里，使得世人才知道云南昆阳曾出过一位伟大的航海家。

1923年，云南大学的前身——东陆大学建立后，学校以重金聘袁嘉谷为国文教授。袁嘉谷知道大学经费紧张，不但不要薪

袁嘉谷（1872—1937），云南文化名人。

金，反而向学校捐款数千元，直到8年后才领取了第一份薪水。袁嘉谷在学校任教一直到他逝世。

在学校，他主要讲授的课程是经学、史学和诗学。因为袁嘉谷博学多才，讲课时，不仅文科生喜欢听他的课，其他学科的学生甚至很多外校的学生也慕名而来，争相听课。当时讲课主要在云大校园的至公堂进行，原本可以容纳五百人左右的至公堂常常是座无虚席。他的讲课别具一格，因材施教，不拘泥任何的教学方法。因此他循循善诱和耐心的教学风格受到了学生的欢迎。对于那些家境比较贫寒的学生，他经常慷慨解囊。他所创的“袁体”书法，出自颜、柳公，又收钱南园诸体，自成一家，特别以

◆故居内部（张卫民·摄）

◆云南大学的至公堂，闻一多曾经在这里做过著名的“最后一次演讲”，袁嘉谷上课就在至公堂内

行楷见长，书法结体，用笔以峭拔、俊秀取胜，被誉为“书中瑰宝”。求书者远自日本而来。他却从不吝惜，凡有求者，都认真挥毫，以礼送之。在云南各地，其字至今尚存多处。

在任教的14年中，他培养了一大批日后的栋梁之才。比如他的学生李乔成了云南著名的作家，张希鲁在文学、历史和考古上都是比较有影响力的。袁嘉谷在云大的时候还把郑鹤声、方国瑜引荐到云大任教，后来他们一个成了研究郑和的专家，一个成了研究云南地方史和民族史的学术泰斗。

袁嘉谷（1872—1937），云南文化名人。

与国歌永存的云南人

聂耳故居

昆明市中心的甬道街现在很有名，因为此地在1983年成了昆明市著名的花鸟市场。开始时只是一些小商贩集中于此出售花鸟鱼虫，后来生意兴隆，游人日增。游客喜欢到这里游览购物，花鸟市场也就逐渐成了一个集买卖观光为一体的好去处。

花鸟市场之所以吸引人，大概因为这里是体察昆明众生百态和市井生活的好去处，昆明热闹和浓浓的市井气息在这里一一呈现。喜欢花鸟虫鱼的人在这里可以大饱眼福，钟情昆明当地传统小吃的人在这里也能大快朵颐。

虽然游人如织，但是很多人都不知道我国著名的音乐家聂耳就出生在这条街上，并且在这里度过了他的幼年时期。

聂耳出生地在甬道街73号、74号。房子始建于清代，为瓦顶穿斗式木结构二层楼房，底层为铺面。聂耳的童年时期也在此度过。1986年故居被列为昆明市盘龙区文物保护单位。

这条老街我来过很多次，但是一直不知道这里居然是聂耳的故居。如今，聂耳家甬道街的这些铺面房早已不是往昔模样。新中国成立后，聂耳的三哥聂叙伦曾前往甬道街找寻他们曾经的住房，确认了其位置即今甬道街73号、74号。聂叙伦认为“这间房子除了扩街心把前厦拆掉以外，基本上还是当年的模样，屋内外都没有大的改动”。2011年6月22日，聂耳故居经过修整后免费向公众开放。

聂耳的老家在云南省玉溪市，为了全家人的生计，他的父亲聂鸿仪在清光绪年间，靠行医领着全家到了昆明。从出生一直到18岁去上海，聂耳一直生活在昆明。

◆这里是昆明的老街道，从左边街道即可进入花鸟市场

聂耳（1912—1935），中国作曲家。

◆聂耳全家福

聂耳出生的地方甬道街73号，房屋坐东朝西。当时，聂鸿仪在这里开了一个叫“成春堂”的小药铺。威远街112号和威远街菜市场的13号曾经先后是聂家开药铺的地方。药铺从菜市场搬出以后，聂鸿仪就租用了端仕街18号和20号的房子用于行医。

聂耳4岁的时候，父亲病故了，由母亲行医，药铺的招牌也改成了“成春药房”。母亲靠艰难地经营药铺和帮人做针线养活全家。在铺面的楼上，是聂耳和两个哥哥一起拉小提琴和吹笛子的地方。

1918年聂耳进入昆明师范附属小学，开始接受正规教育。聂耳在校时学业成绩出众，又喜爱音乐，课余便师从民间音乐家学习演奏笛子、胡琴、三弦、月琴等民族乐器，熟悉传统乐曲。

聂耳的故乡云南以“歌舞之乡”闻名于世，山歌、小调、滇戏牌子犹如一颗颗珍珠散落民间。在云南很多少数民族地区，都有“说话的就会唱歌，会走路的就会跳舞”的说法。地方剧种花灯给了聂耳最早的音乐熏陶，小时候，母亲就常常用花灯的曲调给他讲故事。花灯在云南民间流传了数百年，逢年过节时，业余

◆今天的甬道街73号、74号聂耳故居，是清代老式建筑（张卫民·摄）

花灯队走街串巷进行演出，锣鼓敲响，二胡奏起，明快生动的曲调总是能引起人们的兴趣。《五里塘》、《玉娥郎》等曲调家喻户晓、耳熟能详。后来，聂耳用简谱把一些好听的灯调记录下来。1934年他在上海为电影《一个女明星》创作的主题歌，就是以花灯调《玉娥郎》为范本的。

1922年聂耳进入私立求实小学高级部，成为该校“学生音乐团”的活跃成员。1925年聂耳考取云南省立第一联合中学插班生。时值第一次国内革命风暴在中国南方兴起，他开始受到进步书刊和《国际歌》等革命歌曲的影响。

1927年聂耳考入云南第一师范高级部英文组，参与本校学生进步组织“读书会”的活动，与友人组织“九九音乐社”，经常参加校内外的音乐、戏剧演出活动，并开始学习小提琴和钢琴。在校期间，他受到五卅运动和大革命风潮影响，读到一些介绍马克思主义的杂志。在革命处于低潮的1928年秋，他加入了共青团，并参加了秘密印刷和散发传单等工作。1930年春，中共云南

聂耳（1912—1935），中国作曲家。

省委遭受严重破坏，聂耳得知有叛徒供出他参加共青团的情况，马上去了上海。

刚进入上海的聂耳，为生活所迫去烟店当店员。翌年，烟店倒闭，他一度徘徊街头，后考入明月歌剧社，自19岁起正式开始了专业艺术生活。当时，他因耳朵非常敏锐，被别人起了个绰号叫“耳朵先生”，他索性就此改名聂耳。

在上海，他经常踏着晨霜夜露体验女工上班的辛苦，从而创作出《新女性》。聂耳还与小报童交上了朋友，天天问寒问暖，那首著名的《卖报歌》正是在这种环境下吟诵出来的。他在上海苦苦积攒一年，才买到一把梦寐以求的廉价小提琴。

聂耳在北平时穷得买不起棉衣，但却有无限的兴趣在秋末去天桥等地，用有限的几个钱来收集北方民间音乐素材，并聆听卖嗓子、卖武功的吼声。

◆聂耳故居标识

1935年初，田汉改编了电影《风云儿女》，并写了一首主题歌词——《义勇军进行曲》。由于发现国民党特务已来追捕，他仓促间在一张小小的香烟包装纸上写下歌词，就被抓进了监狱。

夏衍拿到田汉留下的剧本后，在里面发现了那张写着歌词的香烟衬纸。不久，聂耳来找夏衍，听说此事后，主动提出：“作曲交给我，我干！”聂耳根据同田汉一起提出的构想，带着满腔激愤，只用两天时间便谱写了初稿，随即因躲避追捕到了日本。在那里，他一方面受到友好人士的热情接待，一方面也看到军国主义分子大肆鼓噪“扩大在支(那)利益”，并磨刀霍霍。聂耳由此更激发了创作灵感，迅速将歌曲定稿寄回国，其旋律更加激昂雄壮。

◆二楼就是聂耳出生以及少年时期生活的地方（张卫民·摄）

聂耳（1912—1935），中国作曲家。

◆聂耳与田汉（右一）

1935年7月17日，聂耳在日本藤泽市鹄沼海滨游泳时，不幸溺水逝世，年仅23岁。

聂耳留下的音乐后来在抗日战争中鼓舞了四万万中国人民，最终成为中华人民共和国国歌。也许聂耳并不曾料想他的故乡会在离乱岁月中一度成为中国的文化中心，而他在离乱时世中从心底流泻的不朽旋律，也使他年轻灿烂的微笑永远留在人们的脑海里。

后记

要不是因为写这本书，我想自己这辈子都难以了解到那么多名人在昆明的故居，也无法去体会他们在那个离乱岁月中的爱恨情仇。

踏访昆明近现代的名人故居，虽然辛苦，但更多是意想不到的欣喜和接连不断的惊奇。这其中有一直伫立在自己身边的名人故居，比如熊庆来、李广田、袁嘉谷的故居，有至今仍神秘宏伟的卢汉公馆；这其中也有按图索骥、颇费周折才寻觅到的昆明远郊的故居，比如呈贡县吴文藻、冰心的默庐，大古城魁阁的费孝通故居，还有已经是断壁残垣在风雨中飘摇的周培源故居，更有浪漫奇情的才女林徽因在龙头村的故居……

每一次的寻访，每一个了解故居的现在主人对我的娓娓道来，都让我好像经历了一个不同的人生。

寻访中，最得来容易的可能就是云南大学周边的故居了。发现熊庆来和李广田的故居是一次意外。偶然的机会我看到一个学生照片的背景中有“熊庆来故居”的字样，这让我大为惊异，因为久居云大的我居然没有发现这个地方。而翠湖附近的朱德故居也纯粹是在逛街的时候不经意发现的，还有袁嘉谷的故居，找到时竟然发现是自己平日里常常会去光顾的那家餐馆。

当然寻访中也有许多伤力费神的事。去龙泉镇寻找闻一多、梁思成、林徽因等人的故居时，每次都刚好遇到雨天，被雨水泥巴“挂”了满身“彩”。要不是瓦窑村热情的老人刘风堂，我恐怕是很难找到这些故居的。

这些淳朴可爱的乡人在我寻访的过程中是随处都能遇到的。他们甚至都不问你究竟为何而来，就一股脑儿的把他们知道的全部告诉你。每每遇到的村人也会很自然地邀请你到家里坐或者吃饭，这不免让我怀想当年联大那一帮教授是不是同样也受了当地人真诚的关注和友好的相待，是不是他们对昆明的怀念也会和这些质朴的人们有关联呢？

潘光旦的故居同样是不太好找的。那天找到大河埂村时已经是黄昏了。穿过狭长的村中小巷，却始终看不到潘光旦居住的137号，正当我犯愁之时，迎面来的一个中年男子成了我的问路目标，而更让我惊喜的是他说137号就是他家，说完就很热情地邀我跟他一同回家看看。

寻访中也有许多遗憾和感慨，最典型的恐怕就是周培源的故居了。等我好不容易找到西山脚下的一个叫龙门村的小村子时，等候我的却是摇摇欲坠中的老房子。整个房屋几近坍塌，而房前挂着的“保护文物，不得损害”的牌子显得那样的具有讽刺意味。昔日极具规模的故居已难见踪影，只有不远处的滇池水不断地拍打着湖岸，或许只有这声音还和当年“周大将军”在的时候一样吧。

昆明名人故居的探访暂时告一段落了，往昔的旧人已如烟云般散去，而他们似乎又都没有离去。他们就像空气一样，弥散在历史、文化、社会和生活的方方面面，也永存在这片土地上。

厦门
琴音鼓浪

北京
胡同氤氲

绍兴
青藤狂狷

广州
薰风南来

天津
寂寞后台

南京
潮落金陵

上海
霓虹背面

昆明
桃源依旧

杭州
湖山有幸

青岛
海誓山盟